「朝鮮人街道」をゆく　新装版

―彦根東高校新聞部による消えた道探し―

目次

第1章

朝鮮通信使の道

1、新聞部「朝鮮人街道」に挑む

今年五月、韓国の盧泰愚《ノテウ》大統領が来日し、海部首相は日本の植民地支配に対し初めて謝罪の意を表明した。九月には、北朝鮮（朝鮮民主主義人民共和国）を訪問していた日本代表団も過去の「償い」「謝罪」を強い決意で実行する姿勢を示し、北朝鮮側も富士山丸船長らを釈放する方針を打ち出した。日朝関係に新しい風がふき出した。

昔から韓国・朝鮮は、文化のふるさととしても、日本が植民地支配を行ってきた国としても、切り離すことのできない存在であった。そこで、私達のふるさと、湖国を縦断する謎の『朝鮮人街道』の過去を探り、同時に現在の私達の意識も探ってみることにした。

七月、我々は街道に出た。

（彦根東高校新聞　一二八号）

この記事は『彦根東高校新聞』一九九〇年（平成二）十月号の特集「朝鮮人街道をゆく」の書き出しである。九〇年夏および九一年冬、彦根東高等学校新聞部の部員たちは実際に「朝鮮人街道」を歩きその地図を完成させた。

知っているようで知らない道。生徒たちは、いろいろな人に尋ねながら、いくつかの書物や地図を参考にしながら、たぶん全国でも初めてであろうと思われる地図を作ったのである。

本校の新聞では、学校で行われる行事やニュースを取り上げるほか、社会的な事柄についても取り上げることにしている。取材を重視し、できるだけ足で稼ぐ新聞作りをめざしている。今まで「琵琶湖」「教育」「過疎」「疎開」「まちづくり」「女性」などいろいろなテーマで特集を組んできた。

前の年の企画は「国際化と日本人」であった。そしてこの年はアジアの視点も大事であるということで韓国・朝鮮の問題を取り上げることになった。いろいろなアプローチのしかたはあったが、いつも通学に使っている「みち」に着目した。身近なものでだれもが知っているはずの「みち」……

街道に沿って歩きながら、そこに住んでいる人や通行人に次の質問をすることを考えていた。


「この道はなんという道ですか」

「朝鮮人街道はどの道ですか」

「なぜそう呼ばれるのだと思いますか」

「この道にまつわる思いを聞かせてください」


沿道に住んでいる人たちや通行人が正しい道筋を知っているのか、またその由来を知っているのか調べようとした。また出来たら色々な話をしながら、日本人がもっている意識なども探ってみたかった。そして調査が開始された。

2、江戸時代の通信使

韓国・朝鮮は日本と最も近い国である。昔、多くの文化が朝鮮から日本にもたらされた。室町時代には貿易も盛んになるが、豊臣秀吉は一五九二年、九七年の二度にわたって朝鮮へ出兵、両国間の関係は悪化した。

徳川家康は、秀吉の無謀な侵略を批判し国交回復をはかった。その結果、日朝両国の友好のあかしとして一六〇七年（慶長十二）、朝鮮から通信使が送られてきた。はじめの三回は「回答兼刷還使」といった。「回答」とは家康の国書に対する回答であり、「刷還」とは秀吉侵略の際日本に連行された捕虜を調査して連れ帰る意味であった。一六三六年以降は室町時代の例にしたがって「通信使」と称し、将軍の代替わりを賀した。江戸時代にはあわせて十二回来日した。

江戸時代は一般に「鎖国の時代」とみられている。外国との交渉はなく、あっても「出島」という小さい窓からしか世界を見てこなかったと思いがちである。ところが、こうした中で幕府は

西暦	朝鮮	日本	正使	副使	従事官	使命	使節名称	総人員（）内は大阪残留	備考
一六〇七	宣祖四〇	慶長一二	呂祐吉	慶暹	丁好寛	修好	回答兼刷還使	四六七	
一六一七	光海君九	元和三	呉允謙	朴梓	李景稷	大阪平定、日域統合の賀	〃	四二八（七八）	伏見で応接
一六二四	仁祖二	寛永元	鄭岦	姜弘重	辛啓栄	家光の襲職	〃	三〇〇	
一六三六	仁祖一四	寛永一三	任絖	金世濂	黄㦿	泰平の賀	通信使	四七五	柳川事件落着と外交体制の変革
一六四三	仁祖二一	寛永二〇	尹順之	趙絅	申濡	家綱の誕生	〃	四六二	
一六五五	孝宗六	明暦元	趙珩	兪瑒	南竜翼	家綱の襲職	〃	四八八（一〇三）	
一六八二	粛宗八	天和二	尹趾完	李彦綱	朴慶後	綱吉の襲職	〃	四七五（一一三）	
一七一一	粛宗三七	正徳元	趙泰億	任守幹	李邦彦	家宣の襲職	〃	五〇〇（一二九）	新井白石の改革
一七一九	粛宗四五	享保四	洪致中	黄璿	李明彦	吉宗の襲職	〃	四七五（一〇九）	
一七四八	英祖二四	延享五 寛延元	洪啓禧	南泰耆	曹命采	家重の襲職	〃	四七五（八三）	
一七六四	英祖四〇	宝暦一四 明和元	趙曮	李仁培	金相翊	家治の襲職	〃	四七二（一〇六）	
一八一一	純祖一一	文化八	金履喬	李勉求		家斉の襲職	〃	三三六	対馬で応接

江戸時代の朝鮮使節往来一覧表
（『海游録』より）

朝鮮（李氏朝鮮）と琉球（沖縄）を信《よしみ》を通わす外交のある国「通信の国」とし、中国（明のち清）とオランダを貿易船の来航のみが許される「通商の国」と定めた。

一六〇九年、琉球が薩摩藩に攻略され併合されてからは朝鮮だけが外交・貿易のある唯一の国となったのである。朝鮮の釜山《プサン》には倭館があり、対馬藩の役人が何百人も滞在していて外交や貿易の仕事をしていた。倭館の面積は長崎の出島の二十五倍もあった。

通信使は外交使節であったが、文化使節でもあった。三使（上使、副使、従事官）の他に、優れた学者、文人、書家、医師なども選ばれており、全体で五百人近くにもなった。

ソウルを出発した一行は、釜山から船に乗り下関、瀬戸内海を経由し大坂に向かった。川底が浅い淀川にはいると幕府直々の川御座船に乗り換え、淀（京都市伏見区）に上陸した。その後は陸路となり京都、近江から名古屋を経て東海道を江戸に向かった。

「清道」と書かれたのぼりを先頭に、笛、太鼓、ラッパ等を奏でながらにぎやかにねり歩いた。

江戸に到着した通信使一行の最大の使命は、朝鮮国王の国書を

（辛基秀氏蔵）

徳川将軍に伝える伝命の儀であった。一行の江戸城入りのときは、江戸中がわきかえったという。伝命の儀はまず贈り物の進呈から始まる。朝鮮側からは人参や虎皮などがよく贈られ、日本側からは金屏風や絵画、刀剣類が多かった。国書の交換の後、江戸城中の催しで人気のあったのは曲馬の芸「馬上才」であった。通信使一行の江戸滞在は二十日から一ヶ月近くにおよぶが、この間日朝の文人、学者たちの筆談、詩の唱酬が行われた。もちろんこのことは江戸までの各地でも繰り広げられており、日本の文化に大きな役割を果たした。

海路、陸路の通信使を見物した民衆は大変な数にのぼった。外国人と出会う機会の少ない沿道各地の民衆はこの文化使節から様々な影響を受けた。通信使行列をまねた「唐人行列」や、太鼓やラッパをつくり吹奏しながら「唐人踊り」を楽しんだりもした。また、通信使行列の浮世絵版画、絵本、絵巻も刊行され全国に広がった。土人形をはじめ全国各地の人形の中にも通信使が形どられたものがある。

幕府をはじめ各藩の歓迎ぶり、民衆の熱狂ぶりがあった反面、

朝鮮国書捧呈行列図巻

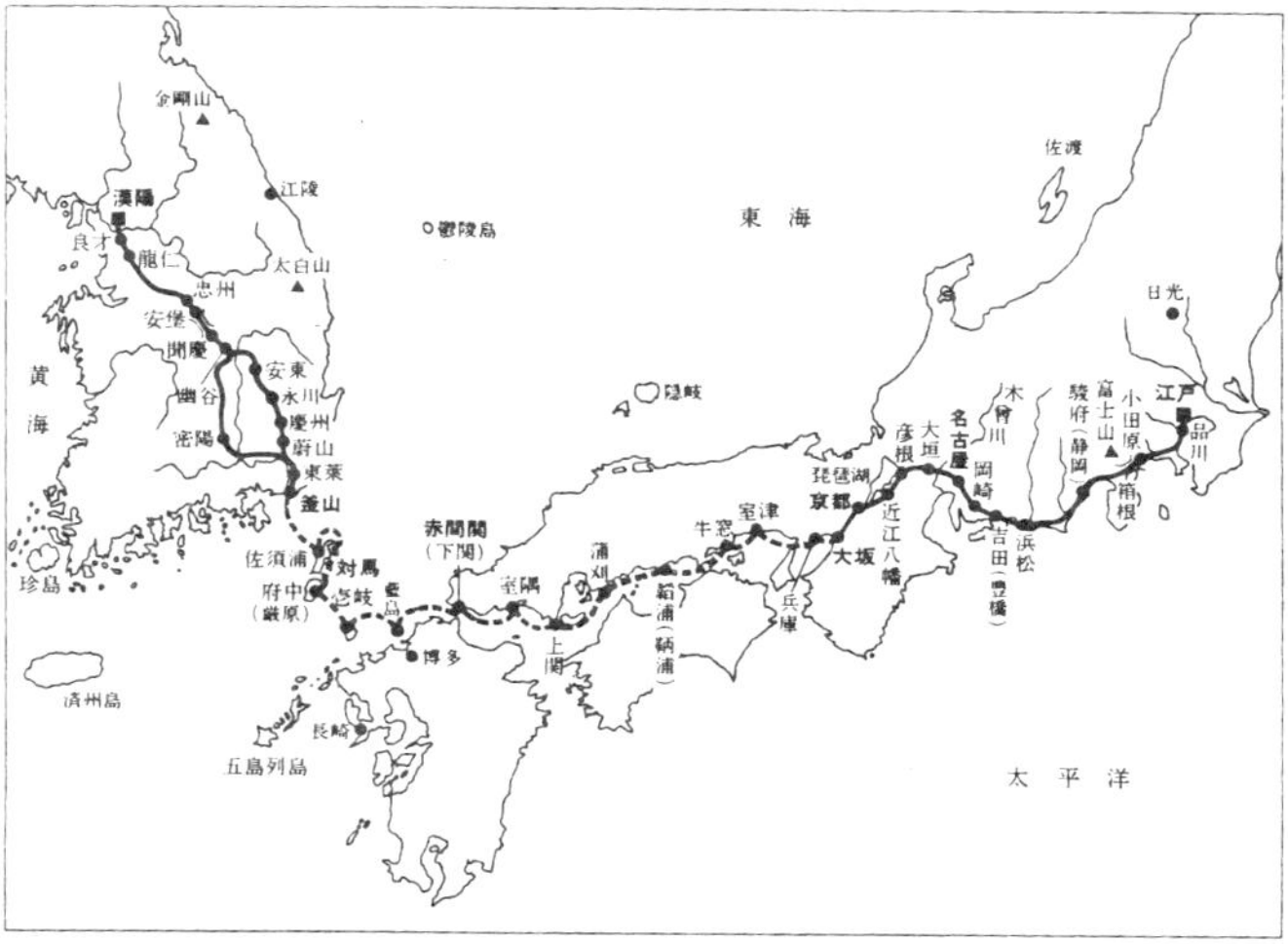

朝鮮通信使旅程略図（朴春日『朝鮮通信使史話』より）

問題もあった。この大行列を迎えるための道路掃除や架橋の修理その他さまざまな準備、また迎えた後の後始末などに前後一年はかかったと言われ、費用は百万石とも言われている。これを負担した各藩と街道筋や宿泊地の人々の苦労と経費は、大変なものだったようだ。

しかし、通信使の送られてきた徳川の世が、歴史上で日本と朝鮮とのもっともよい関係にあった事は確かであったし、秀吉の時代をのぞいて四百五十年の長きにわたり隣国同士に平和な関係が存在したことは特筆されるべきことであろう。

3、近江の国の「朝鮮人街道」

十二回の通信使の来日のうち、第二回は京都伏見で応接、第十二回は対馬で応接しているので近江を通ったのは十回である。

ソウルを出発した通信使は、大坂を経由し淀に上陸した。京都から江戸へむかうには鈴鹿峠を越える東海道があるが、一行は草津で東海道とわかれ中山道を通った。そして、岐阜県垂井《たるい》から美濃路にはいり大垣、名古屋を経て宮の宿（熱田）で東海道と合流する道をとった。

近江では、野洲から中山道を外れ八幡、安土、彦根を経て鳥居本で再び中山道に合流する約四十キロの道を通った。これが「朝鮮人街道」である。この名前のあるのは通信使の長い道程のなかでここだけである。

一行は、京都（泊）大津（休）守山（泊）八幡（休）彦根（泊）今須（休）大垣（泊）……といった行程で江戸に向かった。もちろん多少の変更もあり、大津で泊まったこともあった。

「朝鮮人街道」は、通信使が通る道として江戸時代に整備された道である。その道の起こりは、信長が安土城築城の際、京都まで古道を結んで幹道としたことにある。琵琶湖岸を走るこの道は京都への最短距離であるため本街道として発展し、豊臣秀次の八幡城下町建設によってより栄えた。

一六〇〇年、関ケ原の戦いに勝った家康はこの道を通って京都に入京したため、天下支配の吉例の道とされた。

この街道はとても屈曲が多い。この理由は、集落相互の連絡路として条里地割の畦道《あぜみち》や野道を結んだもので、自然的に発生し無統一に存在していたものを、安土城・八幡城築城などによって東西に統一ある主要道としたためであろう。したがって、「わざと曲がりくねった道にして広い日本を見せようとした」という俗説はかなり流布しているが正しくないだろう。なぜなら、通信使が通るようになる前から屈曲の多い生活道だったからである。

それでは、なぜ野洲の小篠原から鳥居本まで中山道を通らず脇道を通ったのだろう。これについては諸説があるようだ。

オランダや琉球使節も通らない将軍上洛の道を、特に朝鮮通信使の通行に使ったのは、善隣友好外交を大事にし、将軍就任慶賀をより一層権威あるものにしたのだと言う説が多い。

『近江蒲生郡志　巻八』には、「家康関ケ原の一戦に大勝を得て上洛の時この浜街道を上りしにより爾来《じらい》徳川氏は吉例の道なりとして代々の将軍上洛の時はこの街道を通行せり。故に朝鮮信使の来りて将軍の代替りを賀するに当りても亦其の交通を吉例のある浜街道に定められたるなり」とある。

また、『滋賀縣八幡町史　中』には「道順を若《も》し中山道にとるならば、八幡や彦根の都邑に比

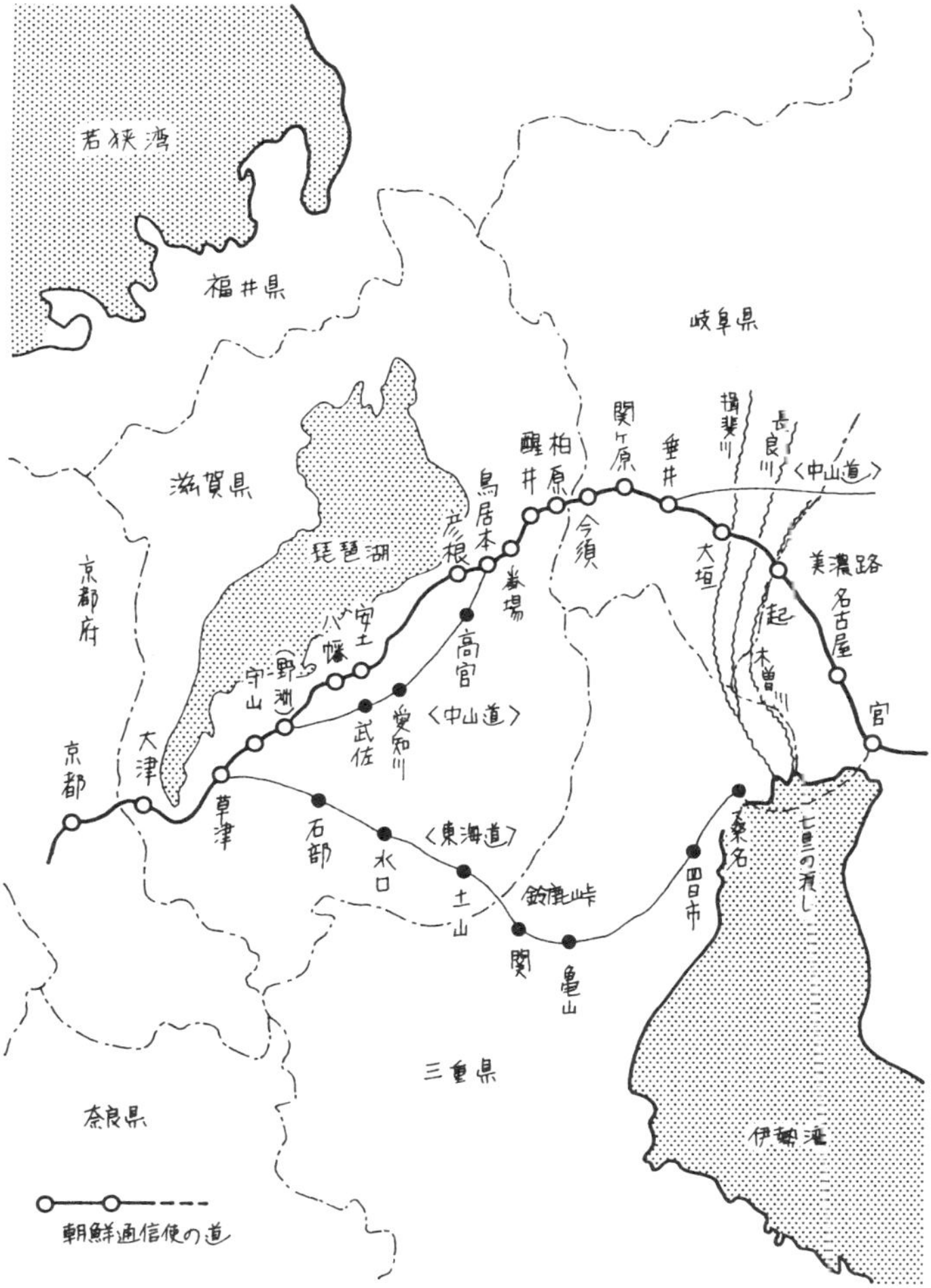
若狭湾
福井県
岐阜県
滋賀県
京都府
琵琶湖
彦根
鳥居本
醒井
柏原
関ヶ原
垂井
揖斐川
長良川
〈中山道〉
今須
番場
大垣
美濃路
起
名古屋
木曽川
宮
高宮
安土
八幡
野洲
守山
愛知川
武佐
〈中山道〉
京都
大津
草津
石部
水口
〈東海道〉
土山
鈴鹿峠
四日市
桑名
七里の渡し
関
亀山
三重県
奈良県
伊勢湾
朝鮮通信使の道

近江・美濃の街道

すべき所は求められない」とあり、一行の宿泊や休憩を受け入れることのできる寺院や、そのための出費、人馬を調達しうる大きな町が存在する道筋を選んだとする考えも説得力がある。

4、知られざる道

さて新聞部では夏休みに入った七月二十三日、野洲町役場で依頼しておいた資料を貰って十一時頃野洲行畑を出発した。その日は「安土」で手間を取り、「能登川の駅前」では調査がすすまなかった。夕方になり、一日目の調査は切り上げた。

三日後、今度は彦根から鳥居本にむけて調査した。「切り通し」の場所が判らず、「佐和山」を越えることを断念し、午後は彦根市内を調査した。

我々取材班は、日野川に架かる仁保《にぼ》橋を渡って十王町にやってきた。さっそく、ある商店のおばさんに尋ねてみた。「この道が朝鮮人街道だということは知っているけど、何故そう言うのかわからない。歴史の本で調べてみたらどうや」

我々はこれにもめげずにお菓子屋さんを訪ねてみた。すると、おばあさんが出て来て、「私はこの家に嫁いで来たので、朝鮮人街道についてはあまり知らない。この道が朝鮮人街道であることについては、昔のことだから別に何とも思わない」と答えてくれた。

（彦根東高校新聞　一二二八号）

人々の意識を探ることの難しさは、当初から予想していた。そしてそれは失敗に終わった。しかし、「朝鮮人街道」をたどることについては、ある程度本も調べ役場などから資料も取り寄せていたので一日か二日で済ませるはずが、意外と手間どった。その後は、本を見たり、色々の人に聞いたり、古い写真や地図を見たりして、ようやく地図が完成した。

十月号では、第十一面から十四面にかけてタブロイド版四ページ分（一般の新聞の二ページ分）の「朝鮮人街道」の地図を挟み込むことになり、急遽、国土地理院の承認も取った。しかもその道筋には赤線を入れ、当初思っていたものより立派な二色刷りのものができた。結局、一二二八号は十六ページになった。

多くの人達の協力のおかげで完成した地図は新聞にも取り上げられたし、いろいろのルートを通って韓国にも渡った。しかし、反響が大きくなるにつれて、ただ一つ歩き残した「佐和山のみち」が気になりだした。他の場所は我々の力の及ぶ限り調べたのだが、佐和山については今ある道で安易に書き入れてしまったのだ。

年があけて二月七日と九日に最後の難所に挑むことになった。第一日目は見事に失敗、地元の方の案内でようやく完全に踏破した。そしてその報告を三月号で取り上げた。

これほど重要な道であった「朝鮮人街道」。しかし現在は、屈曲が多いという往年の面影もなく、確かな道筋さえもわからない「知られざる道」であった。

「朝鮮人街道」という呼び方については、下街道（中山道＝上街道に対して）、浜街道、京街道とも呼ばれている。上洛街道、御所街道などの名前も見られる。一八〇六年（文化三）に江

日朝友好の跡 足で確認

彦根東高新聞部「朝鮮人街道」の地図完成

湖東を縦断する「朝鮮人街道」の全容を足で歩いて調べていた彦根市金亀町、県立彦根東高の新聞部（高江直子部長、二十四人）が詳細な地図を完成、六日、彦根東高新聞第三八号に折り込んで全校生徒に配布した。かつて朝鮮通信使が通ったこの街道の全行程が解明されたのはおそらく初めてで、「町史を書き換えたい」「韓国の研究者にも見せたい」と専門家らの反響を呼んでいる。

実際に道を歩いてルートを調べる取材班

地元で聞き取り重ね 全行程のルートを解明

盧泰愚・韓国大統領の来日や第十八富士山丸船長らの釈放など日本と朝鮮半島の関係が大きな動きを見せるなか、昨年から紙面で国際化について取り上げている同部は、より身近な問題として通学路でもあるこの街道に着目。編集長の横田知哉君（二年）ら・取材班・八人が夏休みに道の踏破に取り組んだ。

沿道各市町から地図を送ってもらい、地元のお年寄りからの聞き取りで少しずつ確認していく作業。すぐ分かると思っていたが、意外とあいまいな所が多い。最も苦労したのがJR能登川駅前。文献にも明示されておらず、聞き取りに全力をかけたところ何と七種類もの説が出てきた。

古地図を探しては一つずつ消去し、最後は郷土史家・小林秀夫さんの紹介で地元区長宅にあった「神崎郡猪子村地引絵図」が決め手になった。小林さんは「これから能登川町史を書き換えなければ…」。

新道ができて失われたり、あぜ道のようにかすかに跡を残しているだけの所も多く、沿道の聞き取りは百人近くにも。街道についての文献は数点出ているが、徹底的に検証したものはこれまでなく、文化財調査で九日から韓国を訪れる仏教大の竹内真助手は「向こうの日韓関係史の研究者にぜひ見せたい」と約二十部を持参することにした。

労作が完成して部員らは大喜び。横田編集長は意外と知られていないことに驚いた。調査中、街道の由来を聞くと「強制連行で朝鮮人が通った」などと誤解されていることも多かった。日朝友好のきずなの道だったはずなのに…。道探しが、今の私たちの意識についても浮き彫りにしてくれた」と話していた。

完成した朝鮮人街道の地図を見る彦根東高新聞部員

朝鮮人街道　江戸時代に友好使節として延べ十二回来日した朝鮮通信使が通った道。通信使は釜山から船で大阪に上陸し京都、近江を経て名古屋から東海道を江戸へ向かった。そのうち近江だけ、中山道を野洲より分岐、鳥居本で合流するまでの約四十キロをこの屈曲した道を通った。その理由については諸説がある。

京都新聞滋賀版　1990年11月７日

戸幕府が作成した『朝鮮人道見取絵図』（東京国立博物館蔵）には「朝鮮人道」という言葉が使われているが、この本では「朝鮮人街道」といういう呼び方にした。ひとつは地元でそう呼んでいること、もうひとつは彦根東高校新聞の特集が「朝鮮人街道をゆく」であったためである。

なお、「朝鮮」という用語については十月号で次のように説明をした。

本号10～14面では、①「歴史的な呼称」②「朝鮮半島をさす言葉」として使用しています。したがって、『日朝友好』『日朝関係』というのは、日本と朝鮮半島との友好・関係という意味です。

（彦根東高校新聞　一二八号）

第二章では、「彦根東高校新聞」をできるだけ引用しながら、その後の調べによる訂正も入れて「朝鮮人街道」を辿っていきたい。

なお、その新聞では野洲から鳥居本までのいわゆる「朝鮮人街道」を調べ地図にしたのだが、近江の国の通信使の道という観点から、大津～守山、鳥居本～柏原間の東海道・中山道についても簡単にふれておいた。

朝鮮人街道をゆく
新聞部が今、謎を究明

特集　11～14面 地図参照

今年五月、盧泰愚《ノテウ》大統領が来日し、海部首相は日本の植民地支配に対して初めて謝罪の意を表明した。九月には、北朝鮮を訪問していた日本代表団も過去の「償い」「謝罪」を強い決意で実行する姿勢を示し、北朝鮮側も富士山丸船長らを釈放する方針を打ち出した。日朝関係に新しい風がふき出した。

昔から朝鮮は、文化のふるさととしても、日本が植民地支配を行ってきた国としても、切り離すことのできない存在であった。そこで、私達のふるさと、湖国を縦断する謎の「朝鮮人街道」の過去を探り、同時に現在の私達の意識も探ってみることにした。

七月、我々は街道に出た。（亀）

朝鮮通信使とは

「琵琶湖図」。朝鮮通信使は慶長12年（1607）を皮切りに以降12回日本に訪れている。その行列はおよそ500人にのぼる。絵図は琵琶湖畔を進む行列。（朝鮮人道見取絵図―解説編より）

日本と最も近い隣国朝鮮であり日本との関係は昔から複雑であった。その昔、多くの朝鮮人が日本にさまざまな文化を伝えた。室町時代には正式貿易が行われるが、秀吉の時代には二度にわたる朝鮮への出兵で両国間の関係は悪化する。その関係は家康によって改善され、朝鮮から朝鮮通信使が送られるようになった。

この朝鮮通信使は、家康が秀吉出兵以来の外交正常化をねらったもので、一六〇七年以来十二回、徳川将軍の代替りや慶事の時に朝鮮国王の親書を持って来日した。家康は、秀吉の出兵を反省し、使節団に敬意を表したとされるが、実際は朝鮮貿易の利がねらいであったとも言われている。

経路は、ソウル、釜山から船で下関、瀬戸内海を経由し、大阪、京都、近江から名古屋を経て東海道を江戸に向かった。このうち近江においては、中山道を野洲より分岐し、八幡、安土、彦根を経て鳥居本で中山道に合流する四十キロ間を特に利用し、この道は朝鮮人街道と呼ばれた。

通信使は「清道」と書かれた幟を先頭に、笛、太鼓、ラッパ等を奏しながらにぎやかにねり歩いた。通信使と護衛の役人を合わせると、日朝総勢二千人を越す大行列になったという。

この大行列を迎えるための道路掃除や架橋の修理その他さまざまな準備、また迎えた後の接待などに、朝廷、幕府はかなりの費用がかかったと言われ、かなりの優遇（厳重接遇）がされていたことがわかる。費用は百万石とも言われ、これを負担した各藩や街道筋や宿泊地の人々の労苦は、大変なものだったようだ。

このように見ると、通信使の送られた徳川の世が、歴史上で朝鮮と最もよい関係にあったことがわかる。

しかし、明治時代になると、再び日朝関係は悪化し、三十五年間、日本は植民地支配を続けた。

その後、現在も多くの問題を残したままである。

日本と朝鮮半島 関係史

朝鮮	日本	（西暦）	事項
三国時代	大和国家	538	百済から仏教が伝わる
		663	日本軍、白村江で大敗
統一新羅	奈良・平安	797	日本と新羅の国交絶える
高麗	鎌倉	1350	倭寇はじまる
	室町	1367	高麗が倭寇取り締まりを要求
李氏朝鮮		1404	室町幕府が朝鮮と交隣関係設定
	戦国	1426	朝鮮の三浦を日本に開港
	安土桃山	1592	秀吉軍の第一次侵入
		1597	秀吉軍の第二次侵入
	江戸	1607～1811	朝鮮通信使が来る、以降12回往来（下表参照）
	明治	1873	征韓論起こる
		1875	江華島事件
		1895	乙未事件（日本軍、閔妃を暗殺）
		1904	第一次日韓協約
大韓帝国		1905	第二次日韓協約
		1910	韓国併合
日本植民地時代	大正	1919	3・1独立運動
	昭和	1945	第2次大戦終了　朝鮮解放
大韓民国／朝鮮民主主義人民共和国		1948	大韓民国、朝鮮民主主義人民共和国　成立
		1950～53	朝鮮戦争
		1965	日韓条約
		1973	金大中氏拉致事件
		1983	ラングーン事件
		〃	第18富士山丸事件
		1984	全斗煥大統領来日
		1987	大韓航空機事件
		1988	ソウルオリンピック
	平成	1990	盧泰愚大統領来日
		〃	日本訪朝団が北朝鮮に派遣
		〃	富士山丸の船長ら釈放
		〃	朝鮮民主主義人民共和国（北朝鮮）との国交樹立か!?

江戸時代の朝鮮使節往来一覧表（「湖東誌」より）

西暦	朝鮮	日本	正使	副使	従事官	使命	朝鮮名称	人員（大阪残留）
一六〇七	宣祖四〇	慶長一二	呂祐吉	慶暹	丁好寛	修好	回答兼刷還使	四六七
一六一七	光海君九	元和三	呉允謙	朴梓	李景稷	大坂平定・日域統合の賀	〃	四二八（七八）
一六二四	仁祖二	寛永元	鄭岦	姜弘重	辛啓栄	家光の襲職	〃	四六〇
一六三六	仁祖一四	寛永一三	任絖	金世濂	黄㦿	泰平の賀	通信使	四七八
一六四三	仁祖二一	寛永二〇	尹順之	趙絅	申濡	家綱の誕生	〃	四六二
一六五五	孝宗六	明暦元	趙珩	兪瑒	南龍翼	家綱の襲職	〃	四八八（一〇三）
一六八二	粛宗八	天和二	尹趾完	李彦綱	朴慶後	綱吉の襲職	〃	四七三（一一三）
一七一一	粛宗三七	正徳元	趙泰億	任守幹	李邦彦	家宣の襲職	〃	五〇〇（一二九）
一七一九	粛宗四五	享保四	洪致中	黄璿	李明彦	吉宗の襲職	〃	四七五（一〇九）
一七四八	英祖二四	延享五 寛延元	洪啓禧	南泰耆	曹命采	家重の襲職	〃	四七五（八三）
一七六四	英祖四〇	宝暦一四 明和元	趙曮	李仁培	金相翊	家治の襲職	〃	四七七（一〇六）
一八一一	純祖一一	文化八	金履喬	李勉求		家斉の襲職	〃	三二八

知られざる道

朝鮮人街道は、通信使が通る道として整備された道である。その道の起こりは、信長が安土城築城の際、京都まで古道を結んで幹道としたことである。琵琶湖をはしるこの道は京都への最短距離であるため本街道とされ発展し、豊臣秀次の八幡城下町建設によってより栄えた。

一六〇〇年、関ケ原の戦いに勝った家康はこの道を通って京都に入城したため、天下支配の吉例の道とされた。

この街道はとても屈曲が多い。この理由は、織田信長の連絡路として、自然的に集落を連ね発達したことだ。おそらく、自然的に発生し無統一に存在していたものを、安土城・八幡城築城などによって東西に統一ある主要道としたため、屈曲するしかなかったのだろう。

しかし、なぜ東海道や中山道をさけ、わざわざこの屈曲の多い道に通信使を通したのだろう。

理由としては「曲折に富んだこの道を歩かせ日本を広く見せようとした」「関東の中山道より近江商人の中心地八幡の繁華さを見せるため」「景色のいい場所を通すため」などいろいろな説がある。有力な説としては、「大名行列と出会い往来の混雑となるのを防ぐために中山道をさけた」「使節優遇として将軍と同じ吉例の道を選んだ」というものがあげられる。

しかし何よりも、東海道をとると、鈴鹿山脈を越え、船を乗り継がねばならなかったため、大人数の船の工面などが大変であった。また中山道にしても、人馬調達など参勤交代による道の負担をこれ以上増やすことはできなかった。そしてまた、八幡、安土、彦根などに経済力もあり、大勢の宿食や人馬など多くの設備もあった。これらが一番の理由で、その他前にあげた「吉例の道」などの多くの理由から、この道が朝鮮人街道として選ばれたのだろう。

一行は近江では、守山の東門院で、八幡の金台寺で昼食、彦根の宗安寺で一泊し、正使ら高官は城下に、他の者は民家などに分宿した。

これほど重要な道であった朝鮮人街道。しかし現在は、屈曲が多いという往来の面影もなく、確かな道筋さえもわからない、「知られざる道」である。

（[illegible]）

経路は、ソウル、釜山から船で下関、瀬戸内海を経由大阪・京都・近江から名古屋を経て東海道を江戸に向かった。

街道の保存を
江南良三氏に聞く

「朝鮮人街道」という著作がある江南良三氏を、近江八幡市内の自宅に訪ねた。

◇　◇　◇

―「朝鮮人街道」執筆のきっかけを教えてください。

「文章を書くことが好きでして、NHK京都のラジオドラマでシナリオを担当したこともあります。現在は八幡の歴史について興味あることを書いています」

―出版後の反応はどうでしたか。

「どういう意図でこの本を出したのかと言ってくる人もいましたが日韓友好のためという私の説明に納得してくれました。多くの人々に読まれて、再々版も出しました」

―朝鮮半島に行かれたことはありますか。

「今年の夏、ペンクラブの世界大会でソウルに行きました」

―野洲、鳥居本の記述は、僕たちの調査とは少し異なるのですが。

「道を調べるのは難しいね。様々な方面から指摘を受けましてそれについては再版で訂正しました」

―街道は何故、くねくねと曲がっているんでしょう。

「道とは集落と集落を結ぶものですから、元来曲がっているものだと思います」

―今度街道を歩いた中で、どこにも見あたらなかった「朝鮮人街道」という表示が、八幡にはありましたが。

「ええ、市立図書館の近くにある地図の看板と道標。あれは私が建てました。他の沿道でも表示することによって、歴史的に由緒あるこの街道を保存していくことが大切だと思います」

◇　◇　◇

江南良三氏……日本ペンクラブ会員。郷土史研究家。主著に「近江八幡人物伝」

（[illegible]）

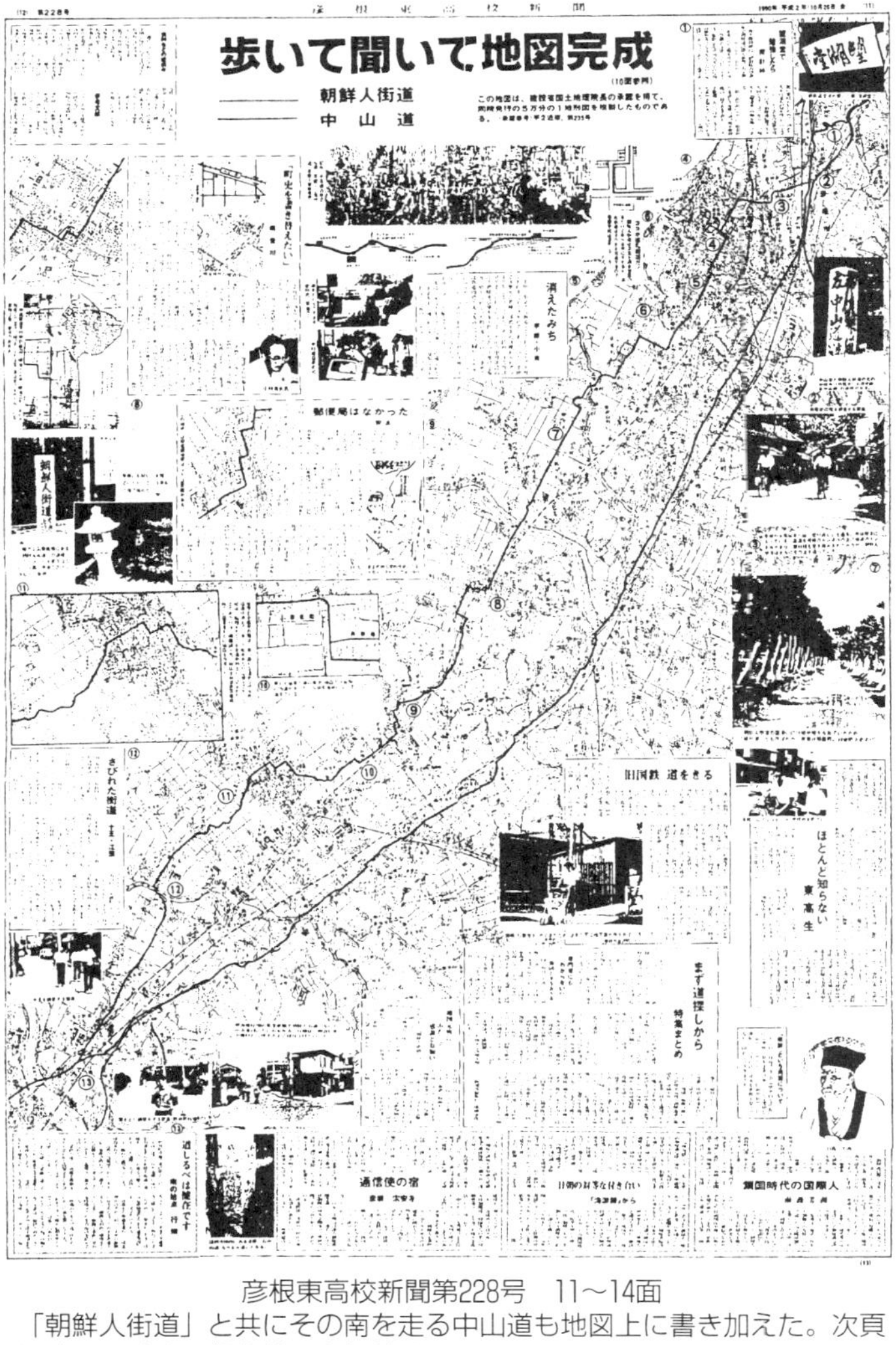
彦根東高校新聞

歩いて聞いて地図完成

朝鮮人街道

中山道

消えたみち

郵便局はなかった

さびれた街道

旧国鉄 道をきる

ほとんど知らない東高生

まず道探しから

特集まとめ

道しるべは健在です

通信使の宿

日朝の対等な付き合い

「海游録」から

鎖国時代の国際人

彦根東高校新聞第228号　11～14面

「朝鮮人街道」と共にその南を走る中山道も地図上に書き加えた。次頁以降、原寸大で部分地図を掲載する。

望湖堂で勉強したら

摺針峠

我々取材班は、摺針峠の望湖堂で朝鮮通信使が休憩したと聞き、さっそく出かけてみた。

非常に急な坂を登りきった所に、望湖堂は建っていた。ここは、参勤交代や明治天皇の行列の休憩所になるなど、たいへん

常に
人々
うら
され
も同
在も
る。

真
たる
班の
で勉
なあ」

朝鮮通信使が書いた額（望湖堂で）

③のルートについては231号で下記のように修正した

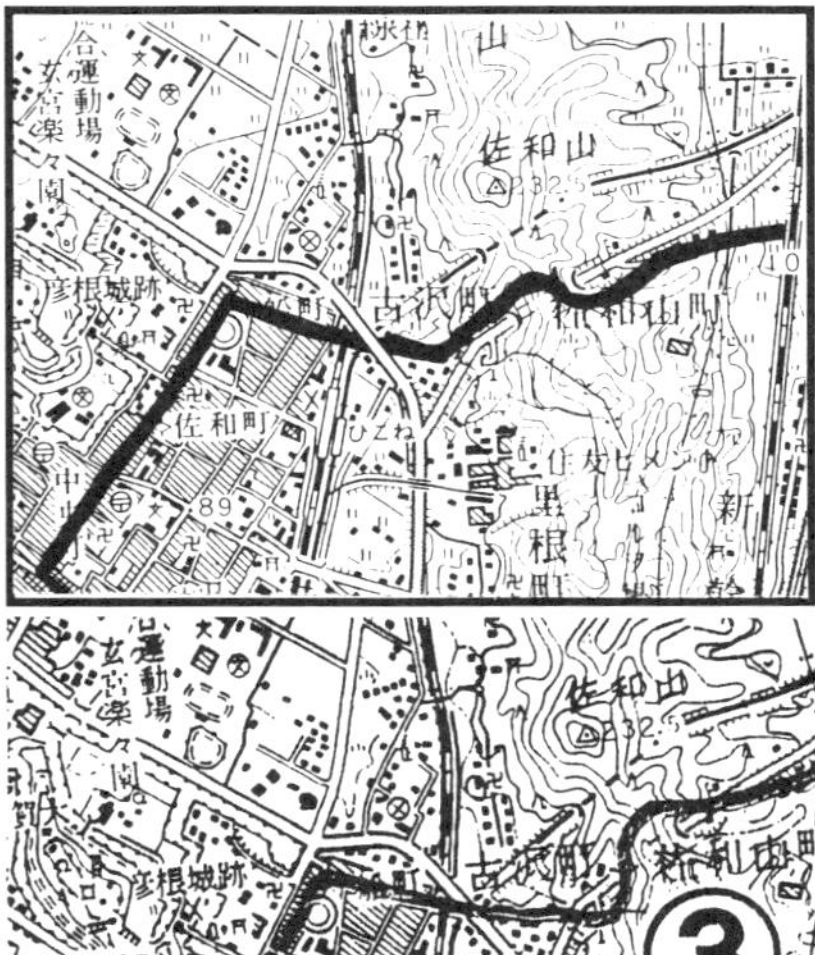

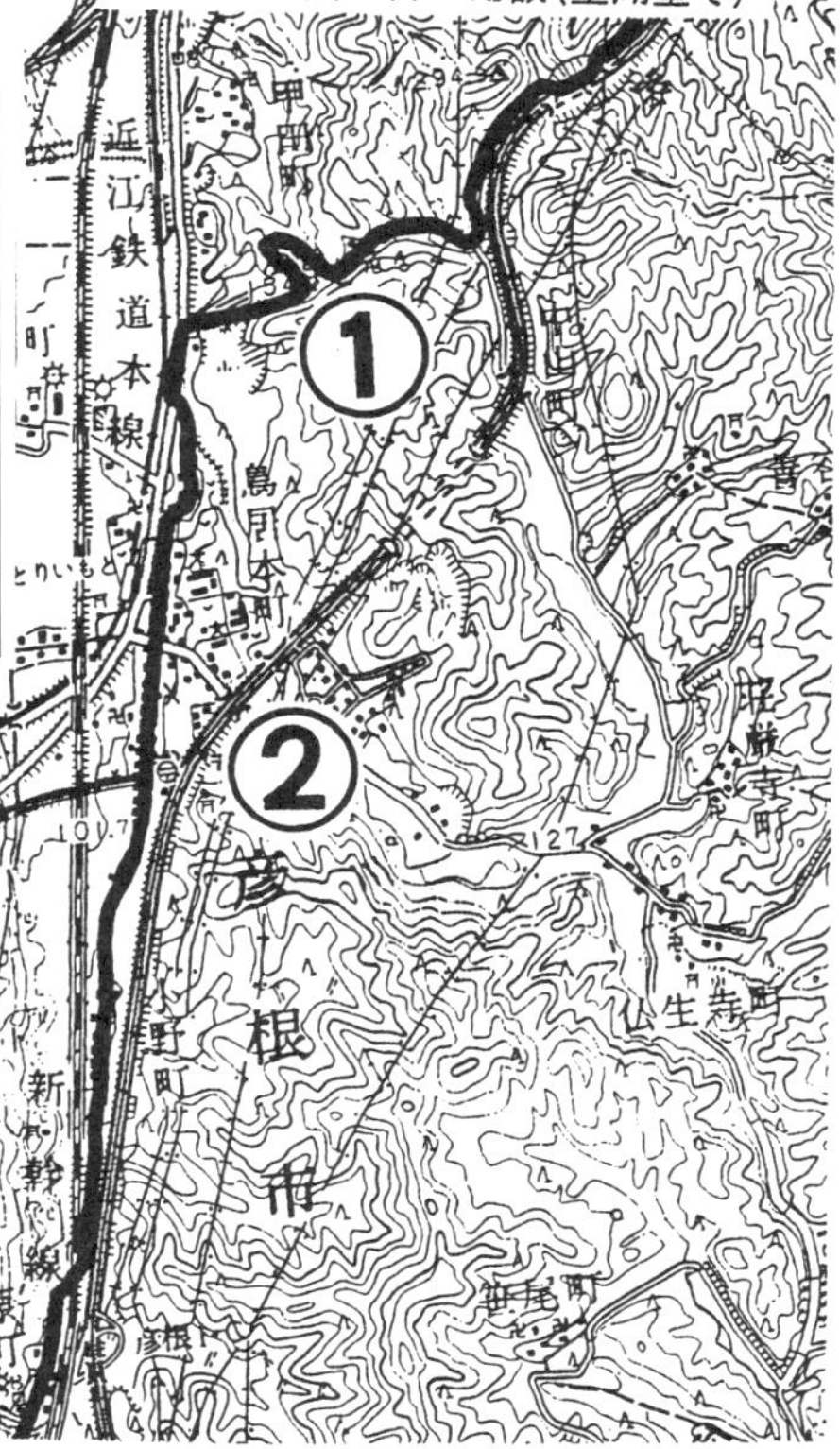

↑中山道

……せられている。"（写真参照）

街道だ！
夏を過ぎ甘呂の
にまがるが、巡
北進するので、
ている。

消えたみち

平田・小泉

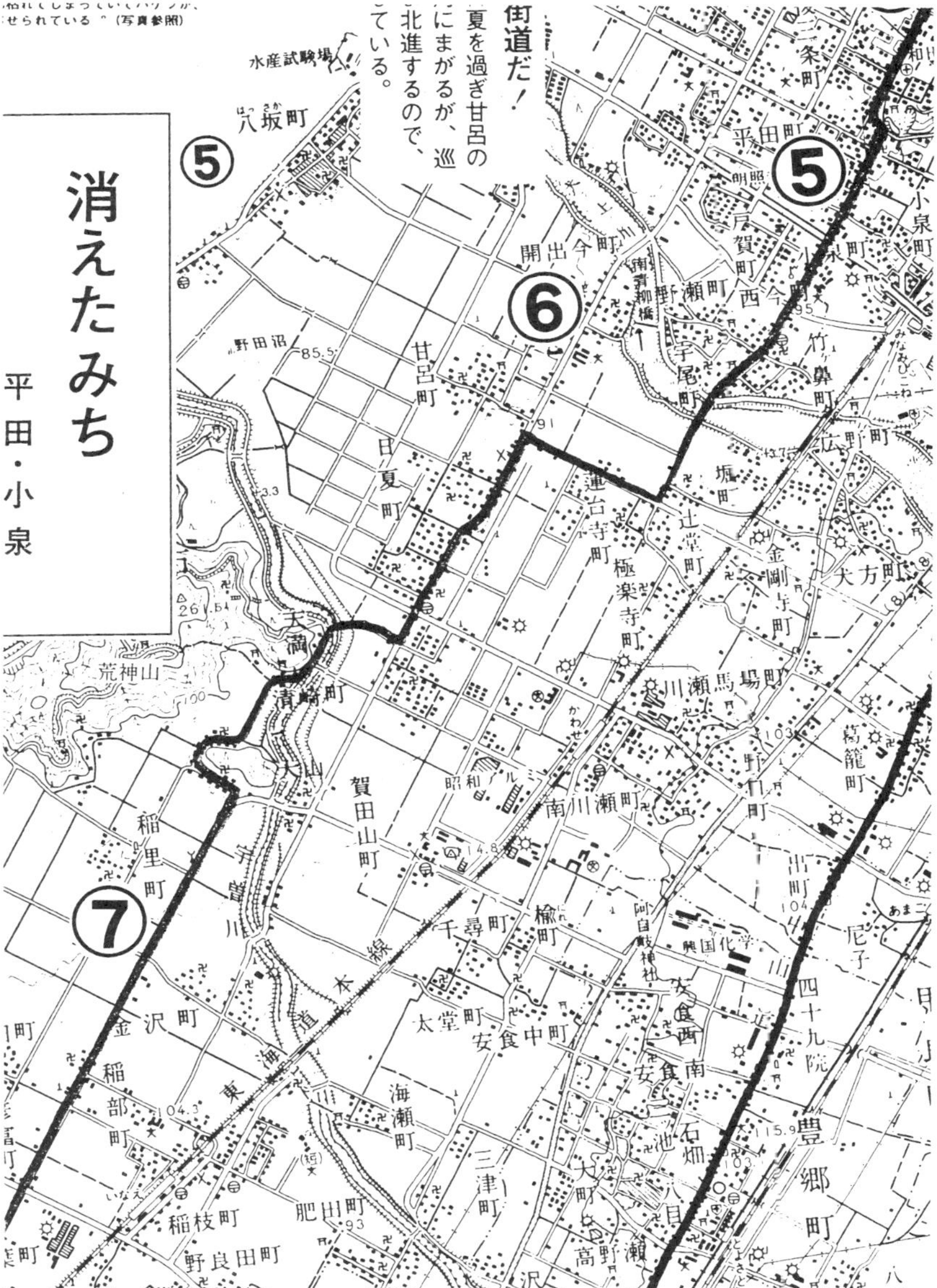

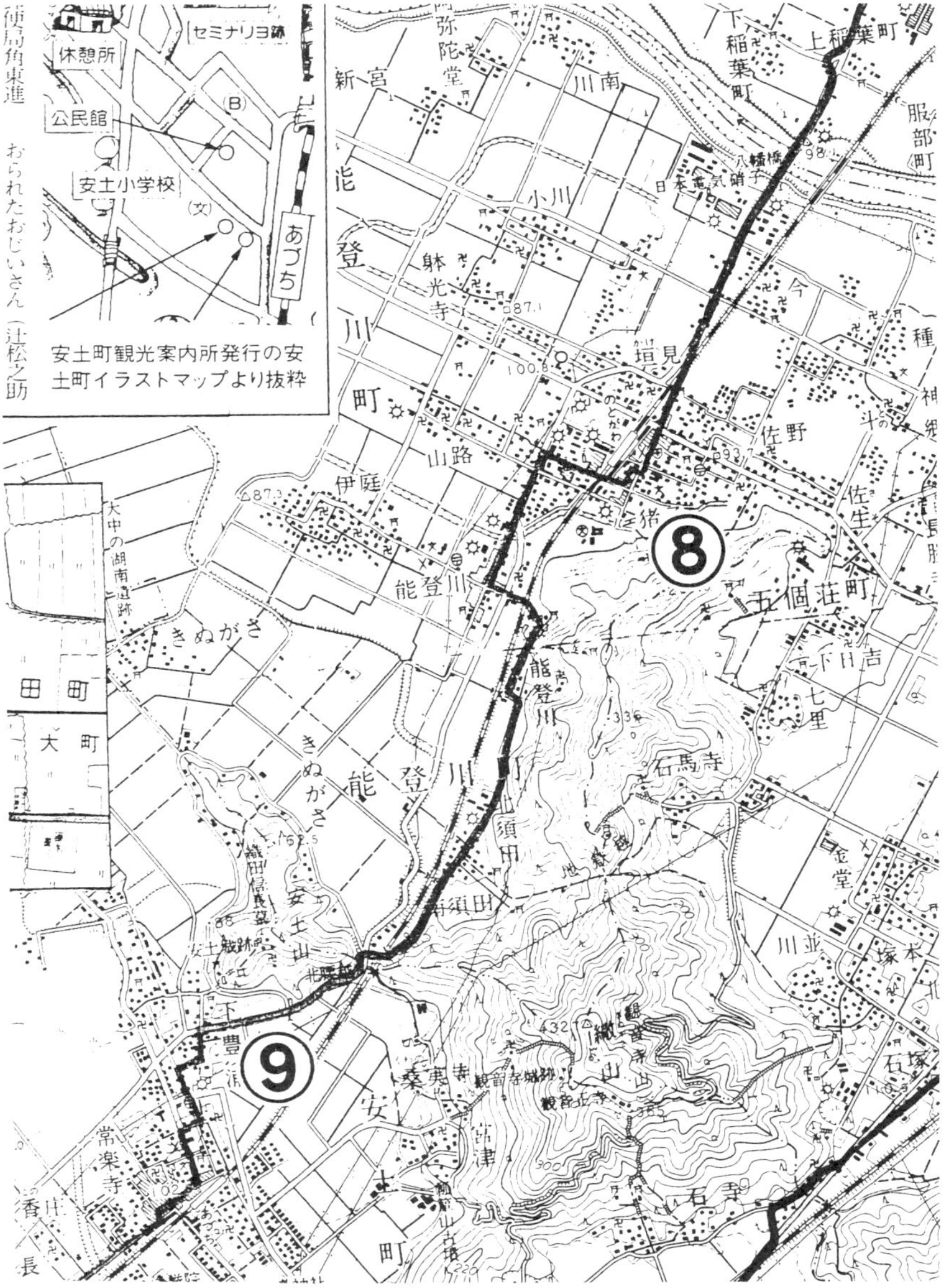
便局角東進
おられたおじいさん（辻松之助
セミナリヨ跡
休憩所
公民館
安土小学校
あづち
安土町観光案内所発行の安土町イラストマップより抜粋
8
9
下稲葉町
上稲葉町
阿弥陀堂
新宮
川南
服部町
八幡橋
日本電気硝子
小川
躰光寺
今
垣見
種
能登川町
山路
佐野
伊庭
佐生
猪
五個荘町
能登川
きぬがさ
下日吉
七里
大中の湖南遺跡
田町
大町
石馬寺
須田
新須田
織田信長墓
安土山
安土城跡
下豊浦
繖山
観音寺
観音正寺
桑実寺
金堂
川並
塚本
石塚
常楽寺
安土町
石寺
香庄
長

⑩ 新しく出来た道の東側（地図では右側）に旧道があった。今は私有地になって消えている。
真っ直ぐな道がつけられ、
小船木あたりに植えてあった
年頃燃料として切られた。
誠一氏（岡山土地改良区事務
地図を作成した。

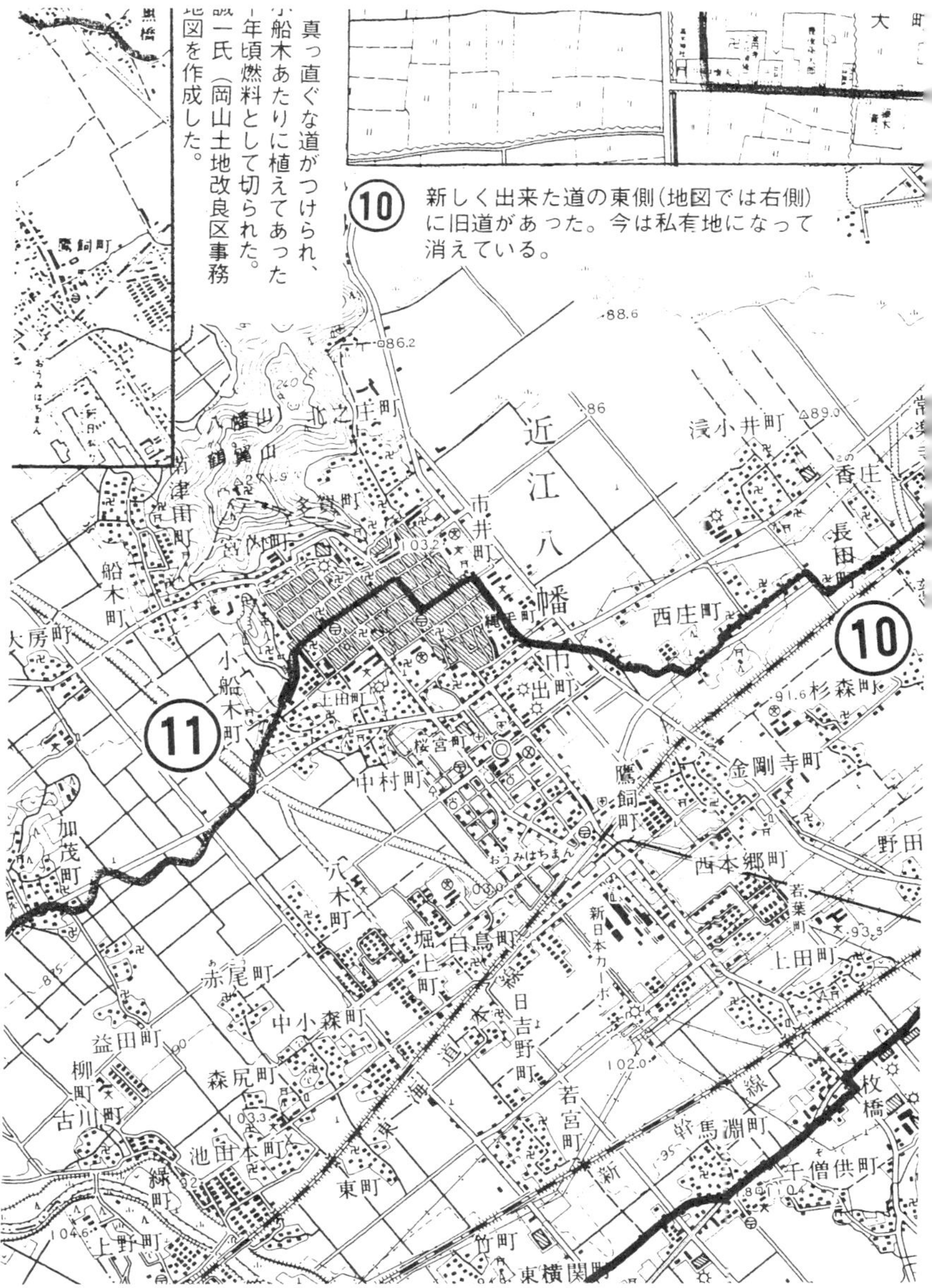

王・江頭

知らない。この道が
道であることについて
ことだから別に何とも
と答えてくれた。
人々は、ある酒屋のお
に尋ねてみた。「この
深橋ー加茂町間に新し
きたおかげで、市道
して裏街道になってし
も昔は、バスも自動
いいわゆる繁華街だっ
道がさびれて酒屋も商
売がやりにくくなったので、県道沿いに店を移転したんや」さらに、このおじいさんは、自分の家の板が船底でできているのでNHKが取材に来たとか、向かいの家は自分の家の本家で、蔵が六つもあるとか教えてくれた。

我々は、次の集落である江頭へ向かった。この集落には商人屋敷がある。ある酒屋の子供にその商人屋敷まで案内してもらった。壁が澄き通るほど白く、静寂に包まれていたのがとても印象的だった。

（滅山）

十王を調査する部員

第2章

「朝鮮人街道」をゆく

1、東海道から中山道守山宿

京都から大津へ

東海道は京都三条から山科、四宮を越えると滋賀県に入る。大津市横木町と京都の境には小さな川が流れている。

しばらく行くと左に入る道がある。この道は藤尾奥町から小関越えをして北国海道に通じている。逢坂越（大関越）に対する道で東海道の間道であった。角に大きな道標があり「三井寺観音道」「小関越」とある。

東海道は国道一号線を横切り、右手に入る。現在は西大津バイパスによりまっすぐには入れないので、いったん一号線に出て右手に入る。東海道は少し小高い所を左下に国道を見ながら平行に走っている。町並みは古い感じで、南側は京都府と接している。

しばらく行くと左手に閑栖寺がある。やがて追分に出る。伏見街道との合流点で、そこには道標がたっている。「みぎハ京ミち　ひだりふしミみち　柳緑花紅」とある。この道標は一九五四年（昭和二十九）に再建されたもので、本物は琵琶湖文化館の前に移されている。

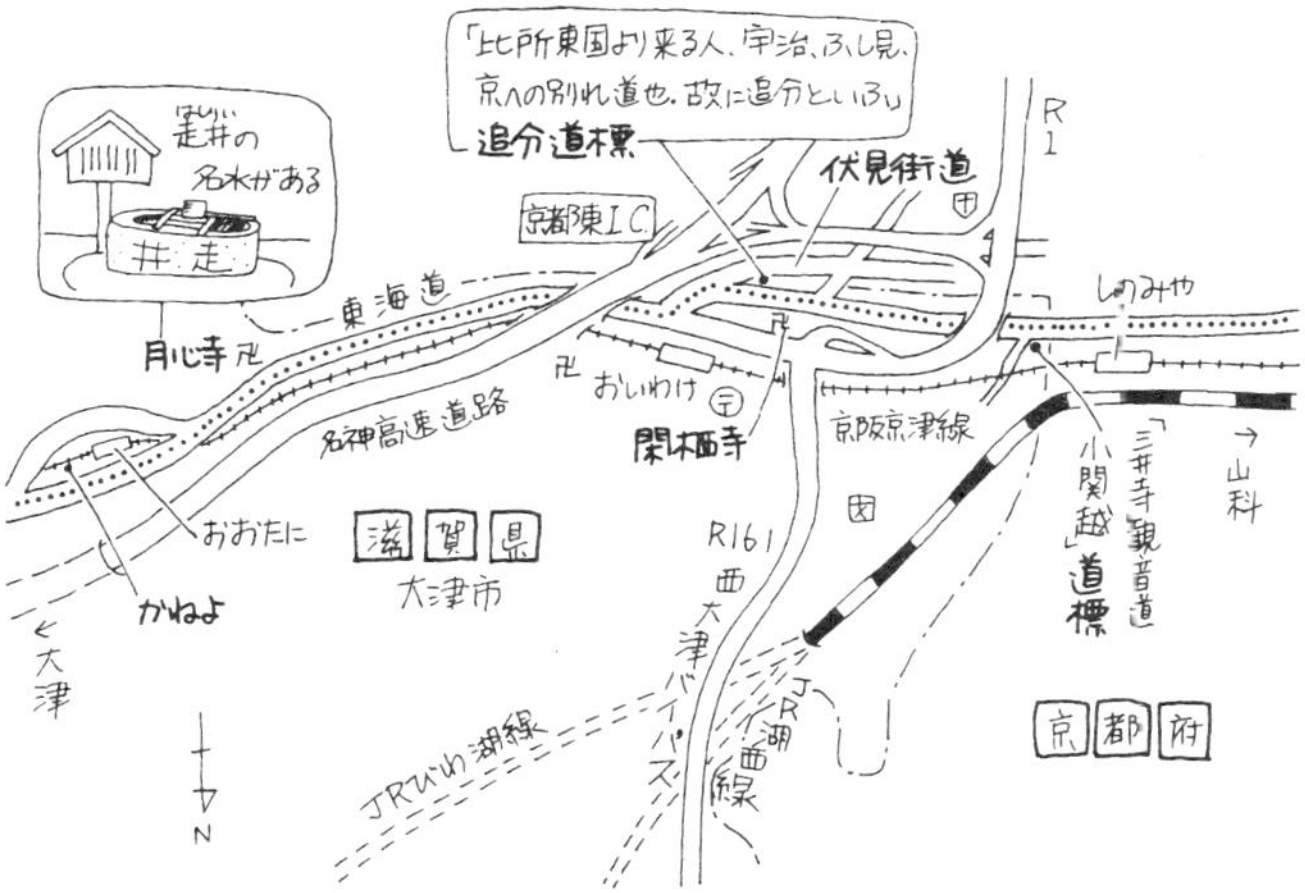

大津追分の道標

名神高速道路にぶつかる辺りで国道と合流し、名神の下をくぐり、名神・京阪京津線にそって大谷までつづく。交通量の多い箇所である。途中、右手に月心寺がある。玄関先には走り井の泉が湧き出ている。芭蕉の「大津絵の筆の始めは何仏」という句碑がある。大津絵はこの辺りで旅人のために売られていた民画で、現在は高橋松山氏が長等神社の参道で店を開き、伝統を守っている。追分は、そろばんの発祥地としても知られている。

大谷の駅の手前で京阪を越える。旧道は京阪の下になっているのだろうか。車では渡れないが、細い旧道が残っている。料亭「かねよ」の前に蟬丸神社がある。

再び国道とあうあたりに逢坂検問所跡があり、逢坂山関址の碑と逢坂常夜灯がたっているが、元の場所からは移動していると思われる。逢坂峠は標高一六五メートルで、平安時代になって逢坂の関が置かれ、不破の関、鈴鹿の関とともに天下の三関と呼ばれた。蟬丸の「これやこのゆくもかえるもわかれては知るも知らぬも逢坂の関」は百人一首にも取り上げられ有名である。

この辺りは何回かの掘り下げ工事で低い

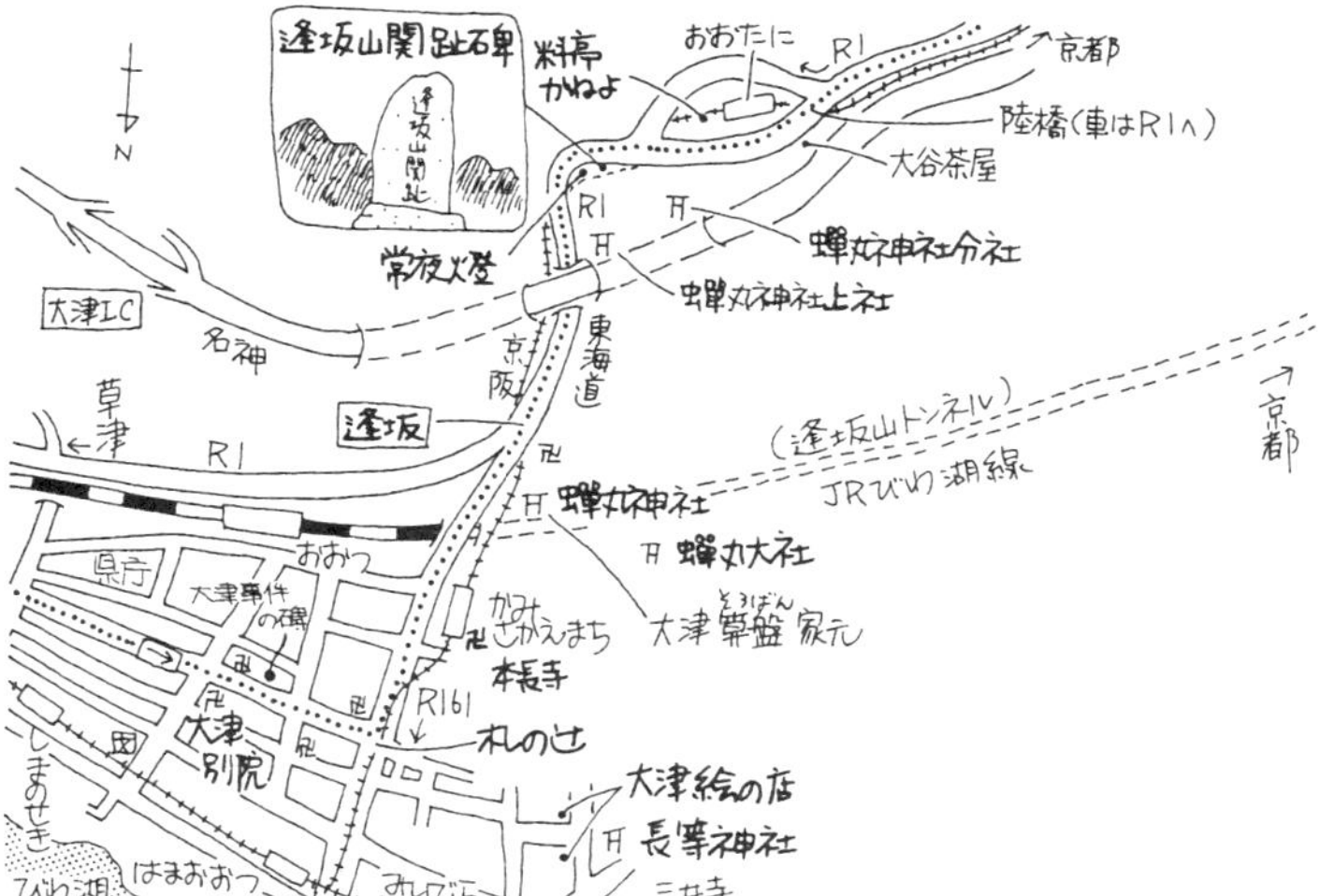

道となり拡幅された。江戸時代には、道路に長方形の花崗岩石を敷き詰め、車の轍《わだち》の幅に二本のレールを刻みこんだ。それが車石で、実物と説明だ、先の閑栖寺の前と蟬丸神社の前にある。

片原町を通り国道一号線と分かれ国道一六一号線に入る。朝鮮通信使が大津に泊まったとき、宿所になった本長寺が左手にある。

やがて大津宿の中心、札の辻にでる。左へゆくと北国海道であるが、東海道は右にまがる。

京町通りを進むと「此附近露国皇太子遭難之地」と記された碑が建っている。一八九一年（明治二十四）五月十一日、ロシア皇太子ニコライ＝アレキサンドロウイッチに警備をしていた津田三蔵巡査が切り付けた、大津事件の地である。やがて石場にさしかかる。石

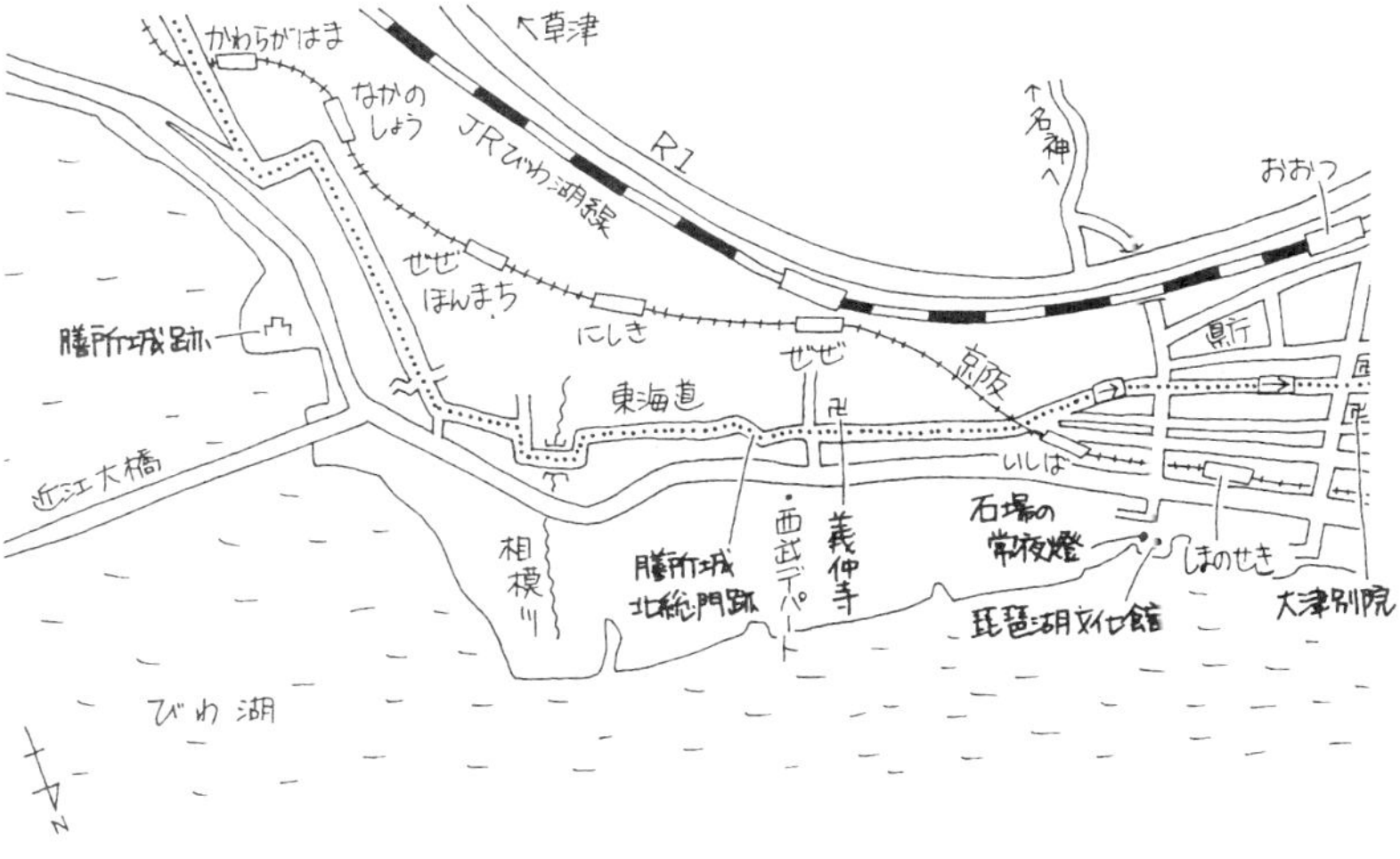

場は対岸の矢橋港への船着き場であった。関ヶ原合戦の後、徳川家康が上洛のため利用した。またここには大常夜灯があったが、現在では琵琶湖文化館に移されている。

芭蕉ゆかりの義仲寺

しばらく行くと、道筋は細くなるが、右側に義仲寺がある。松尾芭蕉は一六九四年大坂で死んだが、遺言により義仲寺に葬られた。木曽義仲の墓と芭蕉の墓が並んでたっている。門人又玄の「木曽殿と背中合わせの寒さかな」や芭蕉辞世の句「旅に病で夢は枯野をかけ廻る」など多数の句碑がある。

ついで街道は膳所《ぜぜ》城下に入る。膳所城は徳川家康が関ヶ原合戦の翌年（一六〇

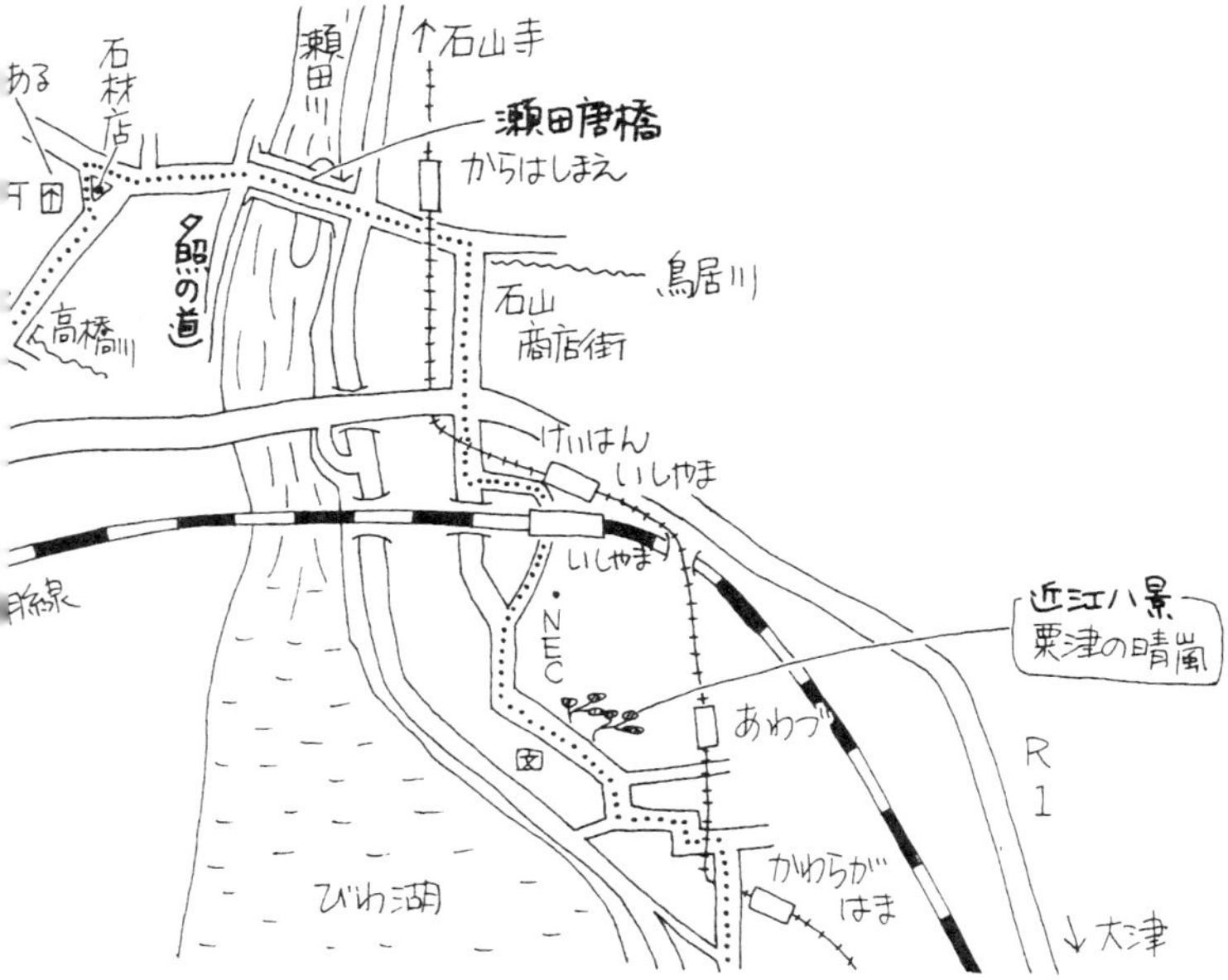

一年）に全国に先がけて築城した水城で、現在膳所城跡は公園になっている。

城下を過ぎると粟津に入る。かつては道の両側に松の木が続き、近江八景のひとつ「粟津の晴嵐」と呼ばれていた。現在はわずか数本残るのみである。中国の瀟湘《しょうしょう》八景にならって室町時代の頃定められた近江八景とは、石山の秋月・瀬田の夕照・粟津の晴嵐・矢橋《やばせ》の帰帆《きはん》・三井の晩鐘・唐崎の夜雨・堅田の落雁・比良の暮雪を言う。

やがて、石山の駅前にでるが、現在は道がＪＲでとぎれている。東側の道でＪＲをくぐると石山の商店街が続く。

鳥居川で大きく左に曲がる。まっすぐ進めば石山寺へと通じている。石山寺には紫式部が『源氏物語』を執筆したとい

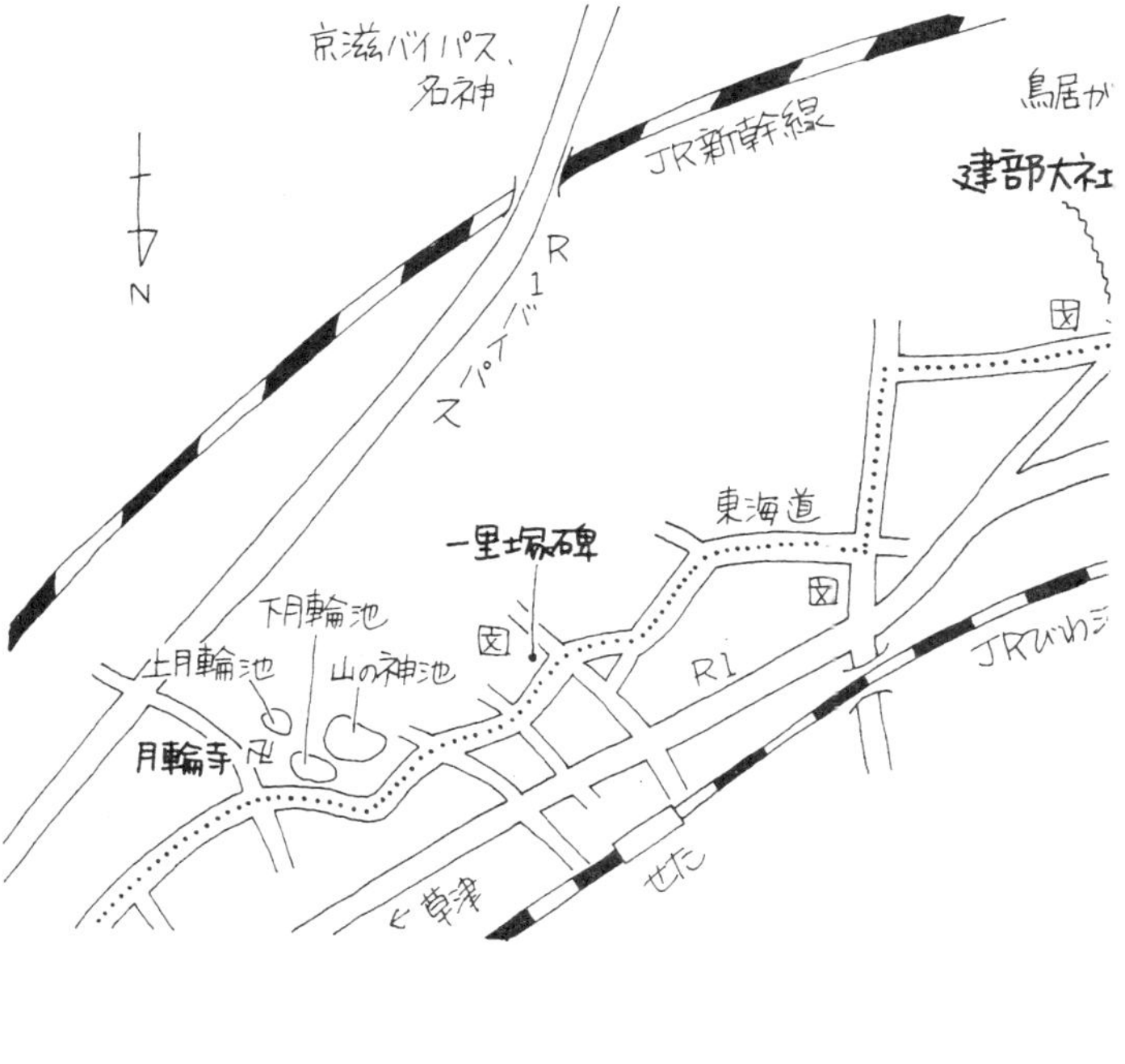

う「源氏の間」がある。

　琵琶湖から流れ出る唯一の川が瀬田川である。この川にかかる瀬田の唐橋は古代より東日本と西日本をつなぐ重要な位置を占め、「唐橋を制する者は天下を制す」ともいわれた。「むかで退治」で知られる俵藤太秀郷と瀬田橋を守る橋守社もある。

　建部神社の鳥居前を左に曲がり高橋川を渡って右に折れ大江の集落に入る。そこを過ぎると、一九七五年（昭和五十）に建てられた「一里塚趾」の碑がある。

　月輪をこえ、狼川をわたる。弁天池を過ぎると野路《のじ》の玉川がある。かつては「日本六玉川《むたまがわ》」の一つに数えられた名水で、東海道を上下する旅人の憩いの場であった。鎌倉時代には萩の名所としても知られた。

　野路で国道一号線を横断する。矢倉には

左の道が東海道。

いると「右やばせ道　これより廿五丁　大津へ船わたし」と書かれた道標があり、矢橋への分岐点であった。ここにはかつて草津名物姥が餅屋があった。

矢橋には「矢橋帰帆島」が近年作られ、流域下水道の処理場や「水環境科学館」がある。

街道の要所

やがて草津宿に入る。草津宿には本陣が二軒あった。田中九蔵本陣と田中七左衛門本陣（木屋本陣）で木屋本陣は現存する。多数の関札や大福帳など貴重な資料も残され「草津本陣」として国の史跡指定を受けている。

さらに進むと草津川に突き当たる。東海道は右折して進み、まっすぐ行くと中山道である。この分岐点の右手石垣の上に常夜灯型の道標が建っている。「右　東海道いせみち　左　中仙

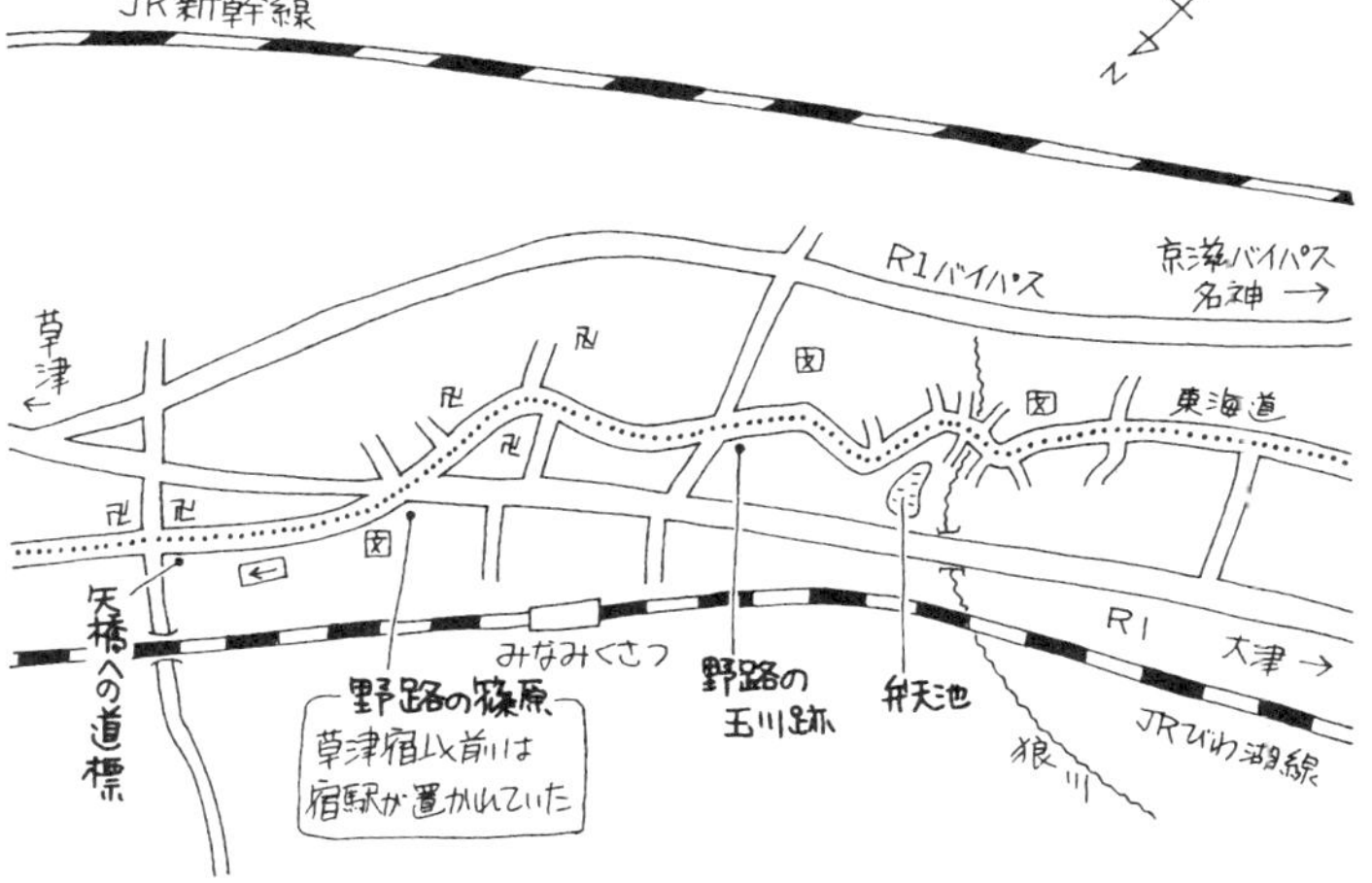

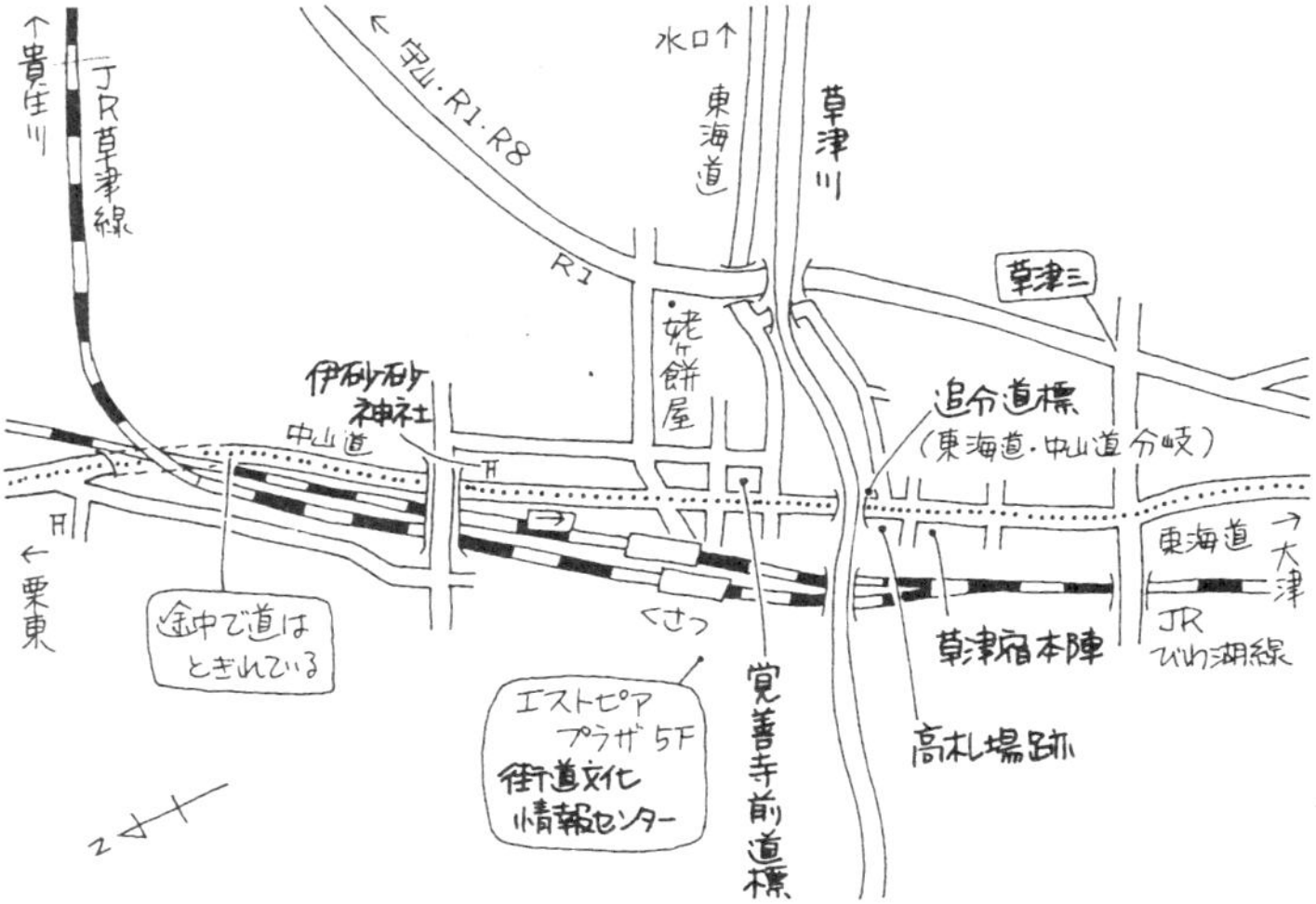

1816（文化13）年に建てられた道標

道美のぢ」と書かれている。

中山道は堤を越えていたが、一八八六年に天井川である草津川にトンネルが掘られた。川を越えてからは商店街が続く。しばらく行くと覚善寺の前にも「右東海道　左中仙道」の道標がある。これはトンネルが完成し、東海道と中山道の分岐点が草津川の北に移ってから建てられたものである。

中山道は平和堂やＪＲ草津駅の前を通りやがて渋川に入る。ＪＲ線により道は分断されている。

草津は東海道と中山道の分岐点であり交通の要所であった。草津駅の西に草津市立街道文化情報センター（エストピアプラザ五階）ができ、街道や宿場の資料や情報が得られる。

やがて栗東町の綣《へそ》にはいる。このあたりは道は狭いが、昔の面影をとどめている。右手に大宝神社があり、「へそむらのまだ麦青し春のくれ」の芭蕉の句碑が鳥居左手に建っている。

二町《ふたまち》、焔魔堂《えんまどう》を過ぎる。十王寺には小野篁《たかむら》の作と伝えられる閻魔像が安置される。それにちなんで焔魔堂村となった。

やがて今宿に入る。ＪＡ守山の前に一里塚がある。県下で現存しているのはここだけで、

塚の上には榎が一本、葉を茂らせている。もとは道の両側にあったが今は東側だけ残っている。一里塚は街道の一里ごとに築かれ、五間四方の塚の上に榎や松が植えられた。

「京発ち守山泊り」

今宿と守山の境には吉川が流れ「どばし」と書かれた橋が架かっている。ここから北がかつての守山宿であった。「京発ち守山泊り」の宿場町として賑わい、本宿守山の西にある今宿と東にある吉身を加宿とした。

守山銀座を横切ると左手に仁王門が見える。東門院《とうもんいん》守山寺である。七八八年（延暦七）最澄によって比叡山の東門として建てられた。「比叡山の東門として山を守る」という意味から、東門院と名付けられ、また守山の地名の由来になったとも言う。朝

東門院の石塔

鮮通信使一行の宿所になったこの寺には、一七四八年に来日した通信使・黄敬庵の書いた「守山寺」の扁額があったが、一九八六年の火災で焼失した。しかし境内西隅に集められた三基の石塔は歴史の古さを物語っている。

少し行った四つ辻の角に一本の道標が立っている。「右中山道ならびに美濃路」「左錦織寺四十五町　このは満ミち」。錦織寺《きんしょくじ》は中主町木部《きべ》にある真宗木部派の総本山。このは満ミち（木浜道）木浜は守山市の湖岸の集落。江戸時代には琵琶湖水運の要港として栄えた。この四つ辻に高札場があった。

右に曲がると守山宿の中心街に入る。道の右側に井戸跡がある。防火用水として利用されていたようだ。また、謡曲「望月」で知られる「甲屋《かぶとや》之址」もある。

宇野宗佑元総理の酒蔵の裏に、「中仙道守

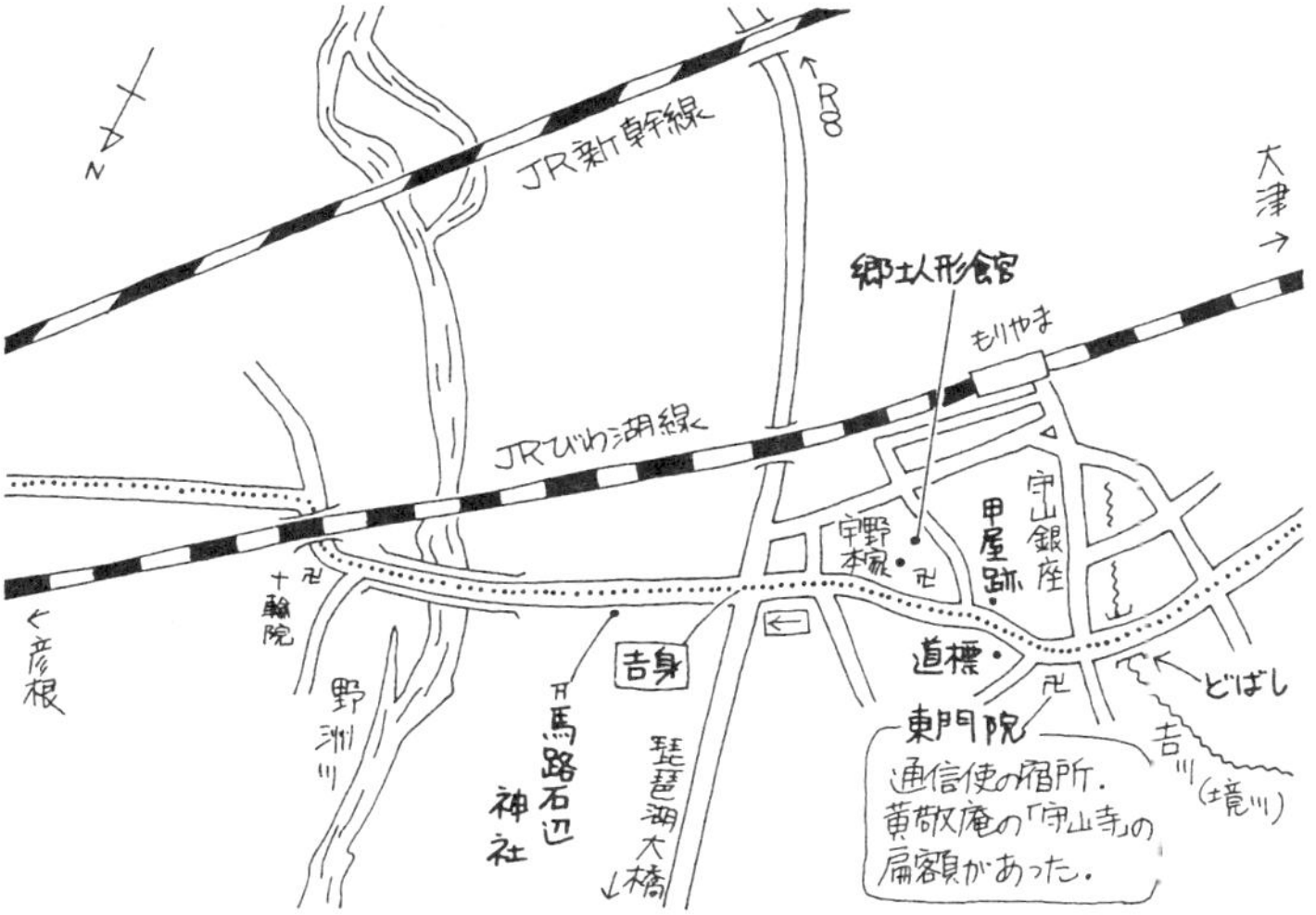

山宿郷土人形館」がある。守山宿の歴史と文化を末永く保存し、後世に伝えようとする郷土資料館で、一階は江戸時代の道具類等を展示した郷土資料フロア、二階は時代を越え国境を越えて、コレクションされた約二万点の人形が展示されている。開館時に作られた朝鮮通信使行列の人形も一階に飾られている。

中山道は琵琶湖大橋の取り付け道路を横断し野洲川に向かう。

2、「朝鮮人街道」の分岐点・野洲

蓮照寺の道標

草津で東海道と分かれた中山道は、守山を経て野洲川を越え野洲に入る。前方に三上山が見える。標高四三二メートルの円錐形の三上山はその美しい姿から「近江富士」と呼ばれている。俵藤太がむかでを退治したという伝説は有名である。一八四二年（天保十三）、凶作にもかかわらず年貢を増やす検地に対して、三上村庄屋土川平兵衛らを先頭に一揆を起こした。三上山麓には「天保義民碑」が、三上小学校庭には平兵衛の石像が建っている。

橋を渡った左手に小さな寺がある。十輪院である。その裏手に回ったところに「野洲川や身は安からぬさらしうす（臼）」という芭蕉の句碑がある。

近江には「高宮布」などの高級な麻布生産が盛んであったが、それらを晒《さら》す工程を受け持ったのが、野洲川の水を使った野洲だった。江戸時代の最盛期には本場の奈良晒を上回り、野洲村が国中最も主要なる晒布の本場となったという。

野洲川（『近江名所図会』より）

JRの下をくぐってしばらく行くと行畑《ゆきはた》に入る。行畑はもと行合村と中畑村が合併した村である。

行事神社の前に「背くらべ地蔵」がある。これは鎌倉時代のもので、当時旅する人の道中を守った地蔵である。また、この地蔵と自分の子供を背くらべさせ、地蔵より背が高くなれば一人前と言われたことから「背くらべ地蔵」と呼ばれるようになった。この地蔵の傍らには「東光寺　不道明王　十二丁」

の石碑もある。

行合村と小篠原村の境界を過ぎたところで道は分岐する。大字小篠原二一三〇番地、この分岐点が「朝鮮人街道」の始点である。「彦根東高新聞」から少し引用してみよう。

道しるべは健在です

野洲町行畑。通信使の一行が三叉路に建てられた道標に従い中山道をそれて朝鮮人街道に進路をとった、いわゆる分岐点である。この道標、実は三叉路から少し離れた蓮照寺という寺に保存されている。

「近所の人がね、事故で折れて川に落ちていた石碑をこちらに運んで

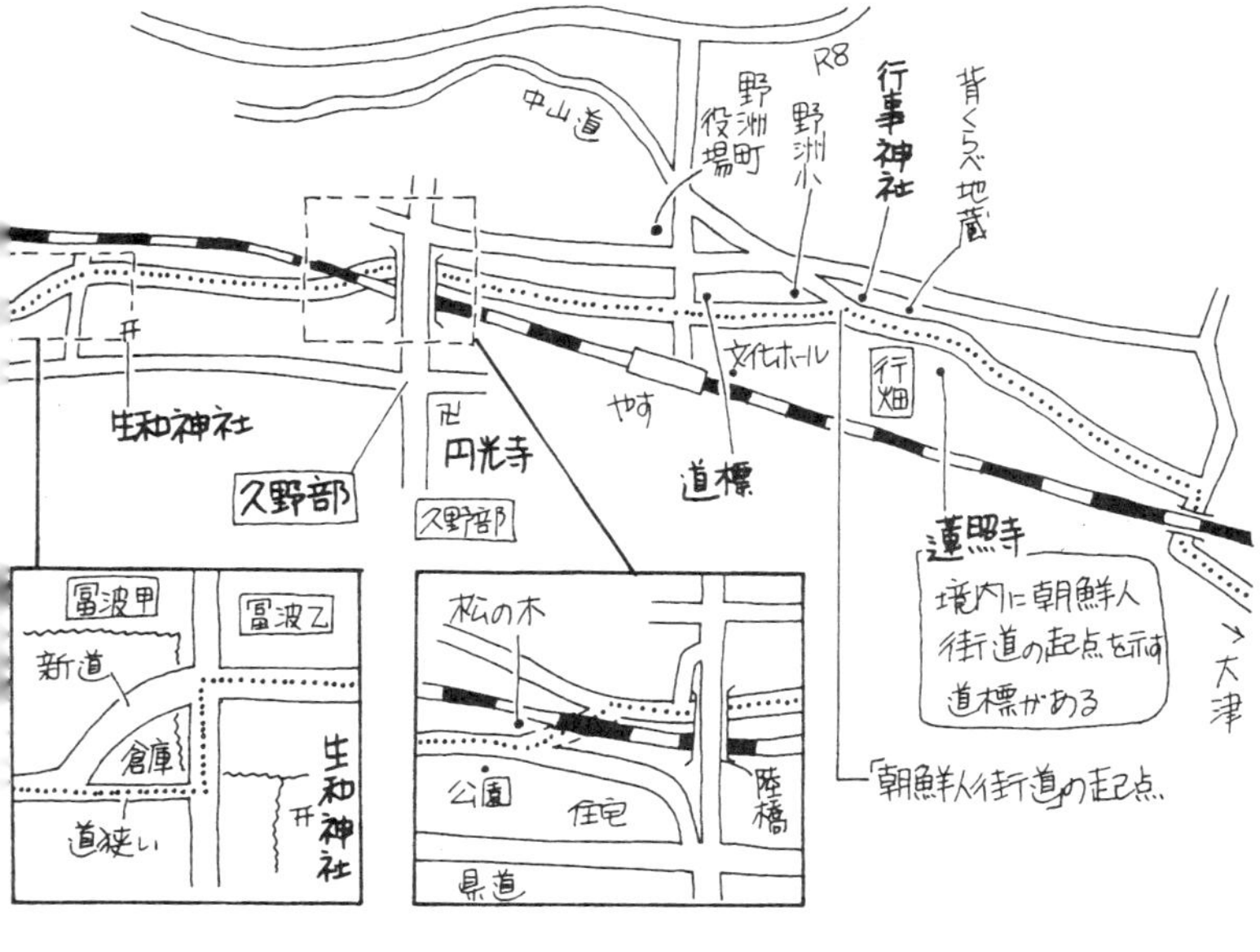

こられたんです」と蓮照寺の奥さんは語られた。

折れてしまったために、刻まれてあるのは『右中山道　左八まんみ（ち）　享保四』という文字だけである。

（彦根東高校新聞二二八号）


取材当時は行畑で道が分岐していると思っていたので、右のような記事になっている。蓮照寺には「朝鮮人街道」を示す道標のほかに、「従是北淀領」の境界碑も建っている。「天保二卯年　間之村々明細繪図」を見るとこの道標は行合村と野洲村の境に建っていたことがわかる。

またこの図から、「朝鮮人街道」は小篠原で分岐していることもわかる。

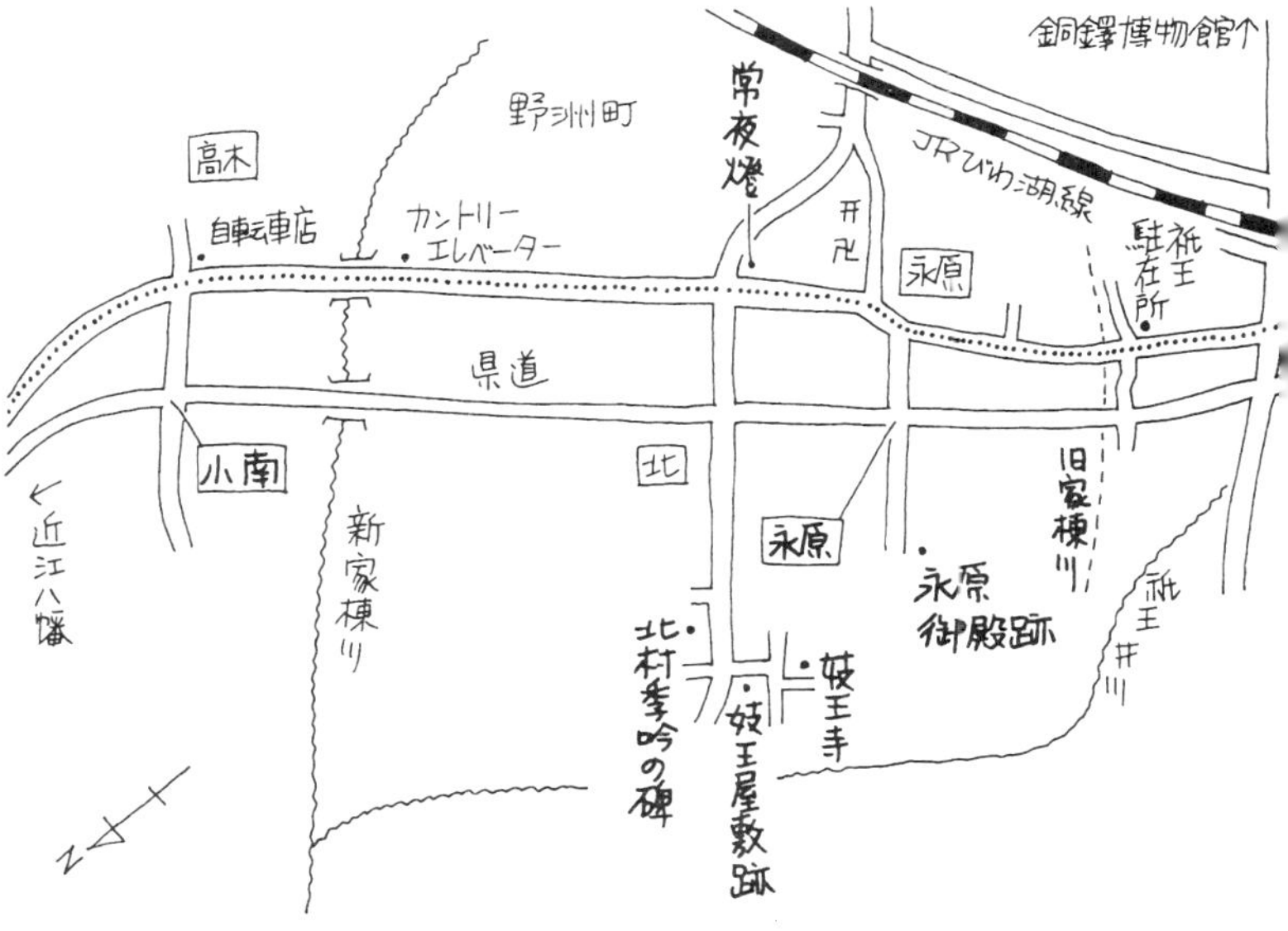

「朝鮮人街道」（左）と中山道（右）の分岐点。下はここに建てられていた道標。

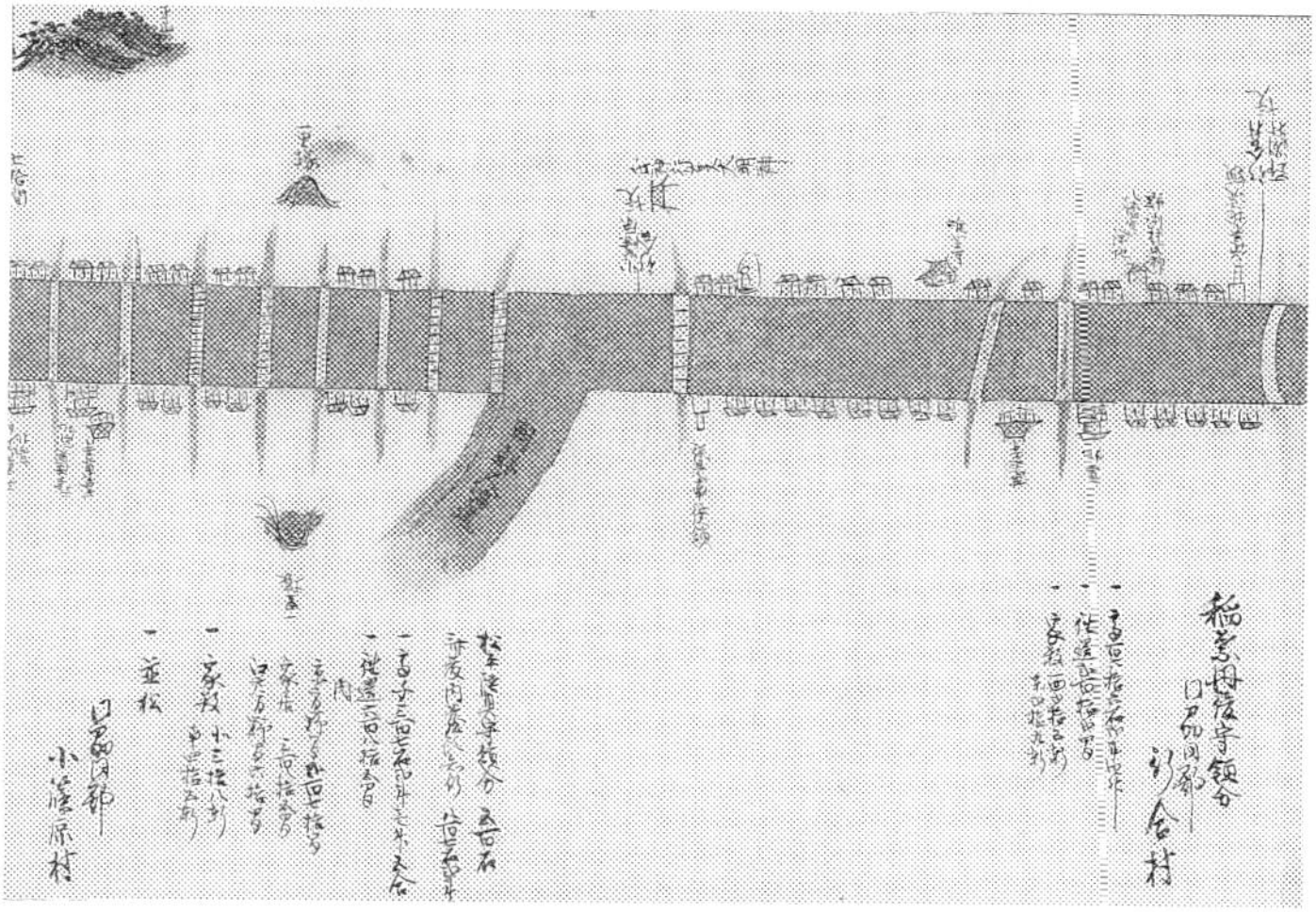

「間之村々明細繪図」（村井家蔵）

祇王井川に沿って

祇王《ぎおう》井川《いがわ》は街道に沿って流れている。右手にある野洲小学校を過ぎると、野洲駅前通りと交差する角に高さ二二〇センチの大きな道標がある。「真宗　木邉派　本山錦織寺一り」とある。

行畑から街道を進むと、祇王井川の流れに沿ったＪＲの線路に行きあたる。このまま直進するなら、線路を斜めに横切ることになるが、線路と垂直に交わる陸橋がこの先の街道を結んでいる。

陸橋のたもと付近に住むおじいさんに話を聞いたところ、「あそこはな、確か昭和九年やと思うけど、台風で汽車がひっくりかえったところでね。行畑からくる道は、線路で斜めにきられてたんだよ」と住宅地図を広げて説明してくださった。

（彦根東高校新聞二二八号）

久野部《くのべ》の陸橋を渡ると県道に出るが、角に円光寺がある。本堂は重要文化財で鎌倉時代の建物である。切妻造りの屋根で一見神社のようにも見える。境内にある九重石層塔も鎌倉時代の作で重要文化財になっている。

県道は「朝鮮人街道」と平行に走っている。県道からJRの方へ戻ると、線路に沿って松の木が一本残っている。「朝鮮人街道」沿いには松が植えられていたが、現在残っているのは、ここと彦根の平田にある松だけではなかろうか。左手には新しくできた

久野部の松

住宅地が続き、中の池川、祇王井川を渡ると冨波《とば》乙の集落に入る。

冨波乙、冨波甲、永原《ながはら》と続く街道沿いの町並みは整然としており、信長が下街道を整備したときに、かつてはいくつかの集落に分かれていたものを計画的に形成したのではないかと考えられる。

冨波の集落は街道に沿って長くのびている。冨波村は明治五年に冨波沢村と冨波新町村が合併してできた村で、現在の大字冨波乙、冨波甲に当たる。街道はその境界で直角に二度折れている。そこの部分は狭く、本来の道幅であろうと思われる。明治初期の「冨波村地券取調総絵図」をみてもその様子はよくわかる。

冨波乙には室町時代の本殿（重要文化財）をもつ生和《いくわ》神社がある。その東側で祇王井川は東西に分かれる。

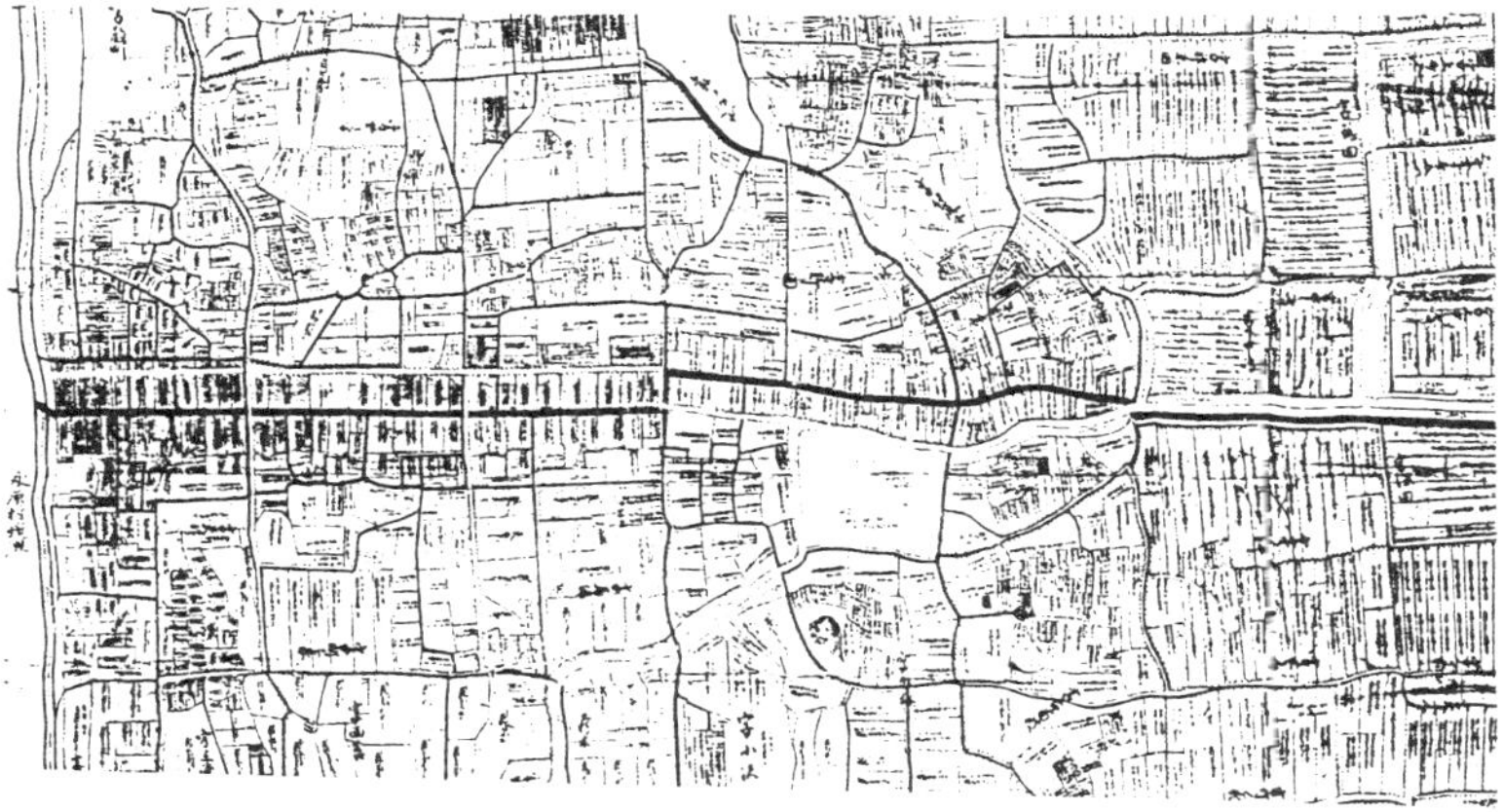

右が冨波乙。白い部分が生和神社。中央の街道の折れたところが境界で冨波甲になる。「冨波村地券取調総絵図」（野洲町発行「明治の村絵図」）

旧の家棟川《やなむねがわ》を越えると永原である。しばしば洪水の原因になっていた天井川の家棟川は一九四一年（昭和十六）の水害を契機として四九年に新家棟川が出来て、廃川となった。永原は佐々木六角氏の家臣として勢力を伸ばした永原氏の本拠地であった。

県道より西側に永原御殿跡がある。「御茶屋御殿」とも呼ばれ、江戸時代初期には京都と江戸を結ぶ将軍や大名の宿泊施設であった。一六八五年廃城となりその一部は草津市の芦浦観音寺に移築されている。今も屋敷跡には堀跡を少し残した広大な竹藪がある。

「平家物語」で知られる妓王・妓女姉妹と母の刀自《とぢ》、仏御前《ほとけごぜん》の菩提を弔うために建てられた妓王寺《ぎおうじ》が中北にある。妓王（姉）、妓女（妹）は、橘次郎時長の娘として生まれたが、保元の乱で父を亡くした姉妹は母の刀自《とじ》とともに京都にのぼり白拍子《しらびょうし》となった。平清盛に仕え寵愛を受けたが、妓王は故郷の水利が悪く旱魃に悩まされていることを清盛に訴え、水路（今の祇王井川）を作らせたと伝えられている。近くに妓王屋敷跡もある。

江戸時代の国文学者・北村季吟が生まれたのは野洲町北。大和物語抄や徒然草などの古典の注釈をてがけた。江戸幕府は季吟の学問にかける情熱を認めて、法印の位を与え、江戸幕府歌学方として江戸に呼び寄せた。名高い歌人でもあり、松尾芭蕉など数多くの弟子を育て八十二歳の生涯を閉じた。北自治会館前に「祇王井にとけてや民もやすこほり」という句碑がある。

なお、野洲町は銅鐸の町として知られ、「銅鐸博物館」もある。日本古代の謎とされている銅鐸は、現在全国で四百個出土しているが、野洲町の大岩山から一八八一年（明治十四）に十四個、一九六二年（昭和三十七）に十個の銅鐸が出土した。同一場所からの出土数は日本一で、日本一大きい銅鐸（高さ一三四・七センチ、重さ四五・四七キロ）も野洲町より出土した。

永原のはずれには常夜灯がある。この先、小南までは田んぼ道を通り、道の両側には桜の木が植えられている。

天井川の日野川と新家棟川に挟まれた小南、高木は水害に苦しめられた土地だった。やがて街道は緩やかなカーブを描きながら北に進み日野川の仁保橋に出る。

野洲川より水を引いた水路は町並を流れている。

3、通信使の昼食は八幡で

仁保橋をわたって

日野川に架かる仁保橋を渡る。以前は、現在ある県道の橋より約五十メートル下流に木の橋があった。橋をわたって左へ折れ、そして右へ急な坂をおりると近江八幡市十王町である。

彦根東高校新聞を再び引用しよう。

さびれた街道――十王・江頭

我々取材班は、日野川に架かる仁保橋を渡って十王町にやってきた。

（略）

続いて我々は、ある酒屋のおじいさんに尋ねてみた。「この道は、仁保橋―加茂町間に新しい県道ができたおかげで、市道に格落ちして裏街道になってしまった。でも昔は、バスも自動車も通ったいわゆる繁華街だった。この道がさびれて酒屋も商売がやりにくくなったので、県道沿いに店を移転したんや」

　さらに、このおじいさんは、自分の家の板が船底でできているのでＮＨＫが取材に来たとか、向かいの家は自分の家の本家で、蔵が六つもあるとか教えてくれた。

　我々は、次の集落である江頭《えがしら》へ向かった。この集落には商人屋敷がある。ある酒屋の子供にその商人屋敷まで案内してもらった。壁が透き通るほど白く、静寂に包まれていたのがとても印象的であった。

（彦根東高校新聞二二八号）


　十王、江頭、田中江を通る街道は落ち着いた町並みが続き、県道と平行に走っている。

　十王、江頭は昭和三十年まで野洲郡北里村であった。江頭は港を持ち「朝鮮人街道」と湖上を結ぶ要所として近隣の中核的集落であった。

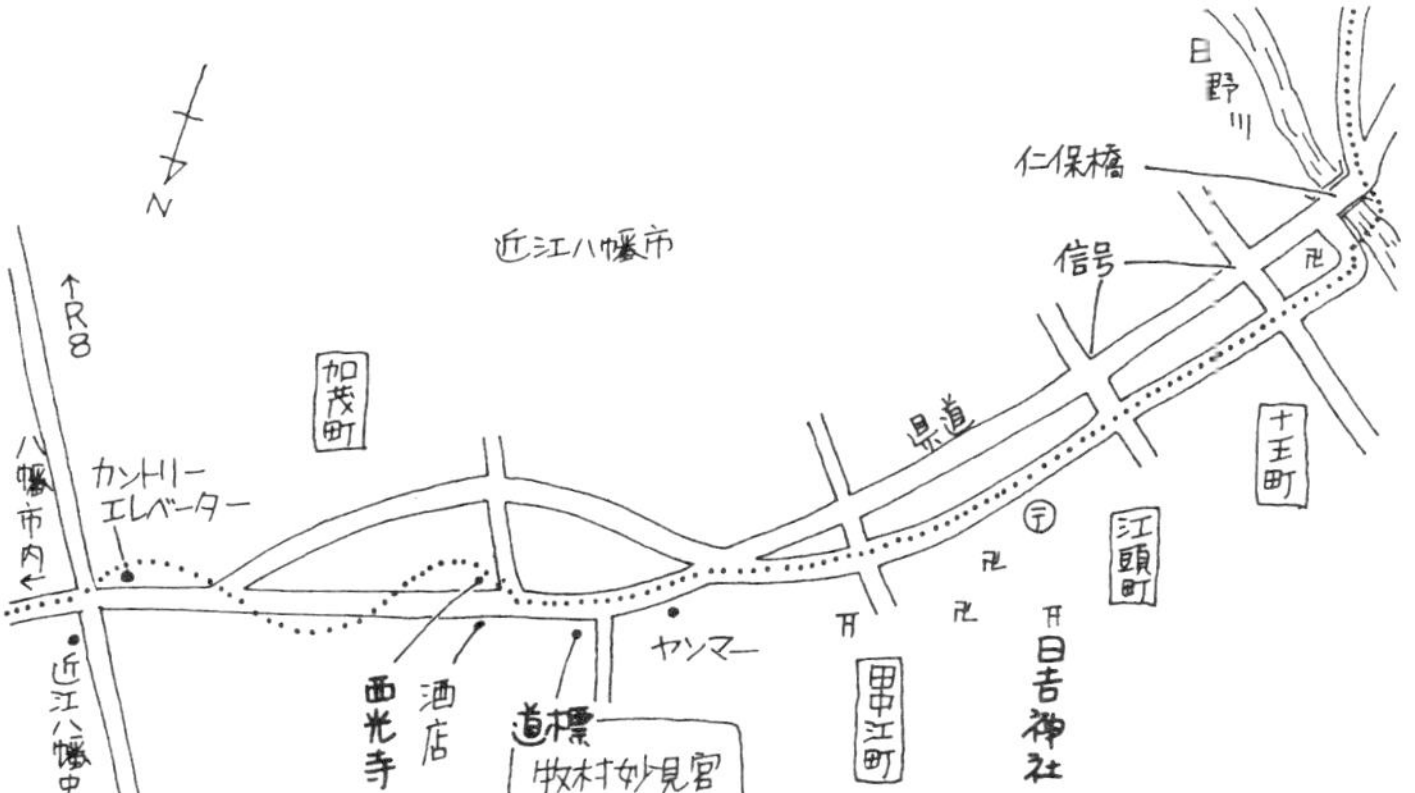

物資集荷量も八幡に次ぐ商業中心地であった。明治時代、銀行の草分けといわれる江頭農産銀行が設立された。

江頭公民館の前には「左　長命寺船道」と書かれた道標がある。元の場所ではないらしい。日吉神社には数万点の「江頭区有文書」があり、通信使通行に関わる文書も残されている。

江頭と田中江の境界はかつての野洲郡と蒲生郡の境界でもあった。八幡神社東側には田中江港があった。

県道と平行に走ってきた街道も加茂で一緒になる。近年県道の南にバイパスが作られた。加茂の集落にあるT字路の北角に「牧村妙見宮コレヨリ八丁」の道標がある。

加茂から白鳥川の小船木橋まで真っすぐな道になっている。実は取材時には気がつかなかったのだが、あとで明治時代の地図をみればこの間はかなり曲が

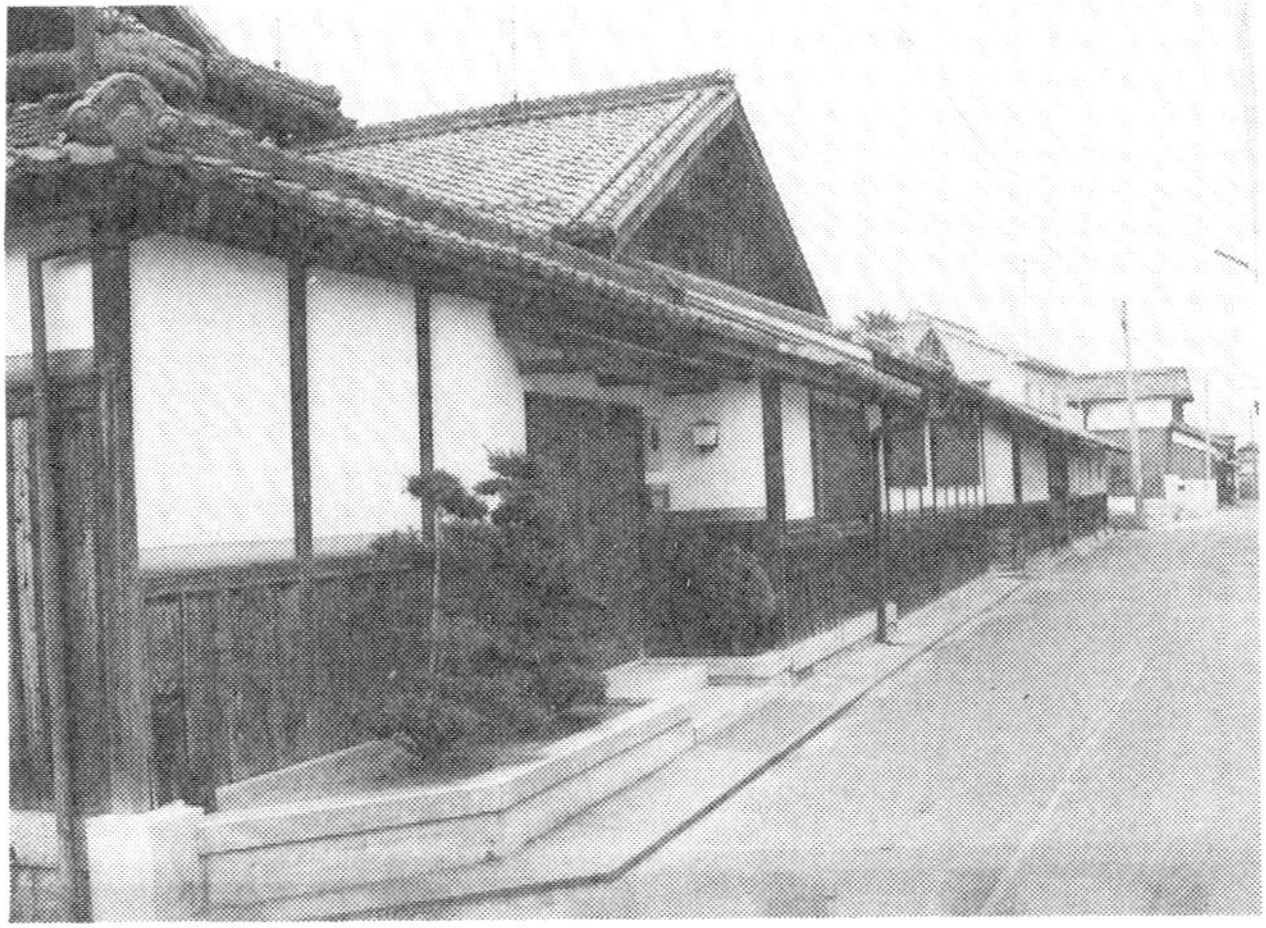

江頭の町並

りくねっている。あちこちで聞いてみたところ、昭和十二年ごろに真っすぐな道にしたらしく旧道は消えている。明治の地図を元に街道を確定し、十月号の「地図」には載せた。

小船木橋をわたって左に入り八幡山方向に進む。白鳥川の改修が行なわれるまでは斜めに分かれていたようだが、現在では橋を渡って直角に折れる。

まっすぐに進めば土田から音羽へ通ずる道があり、八幡城ができるまでの中世の道（下街道）であった。古道と呼ばれる道で、県道に沿っている。現在の京街道筋を通る道順に変更したのは、城下町を建設したとき町の中心部を東西に貫き交通を便利にするためであった。

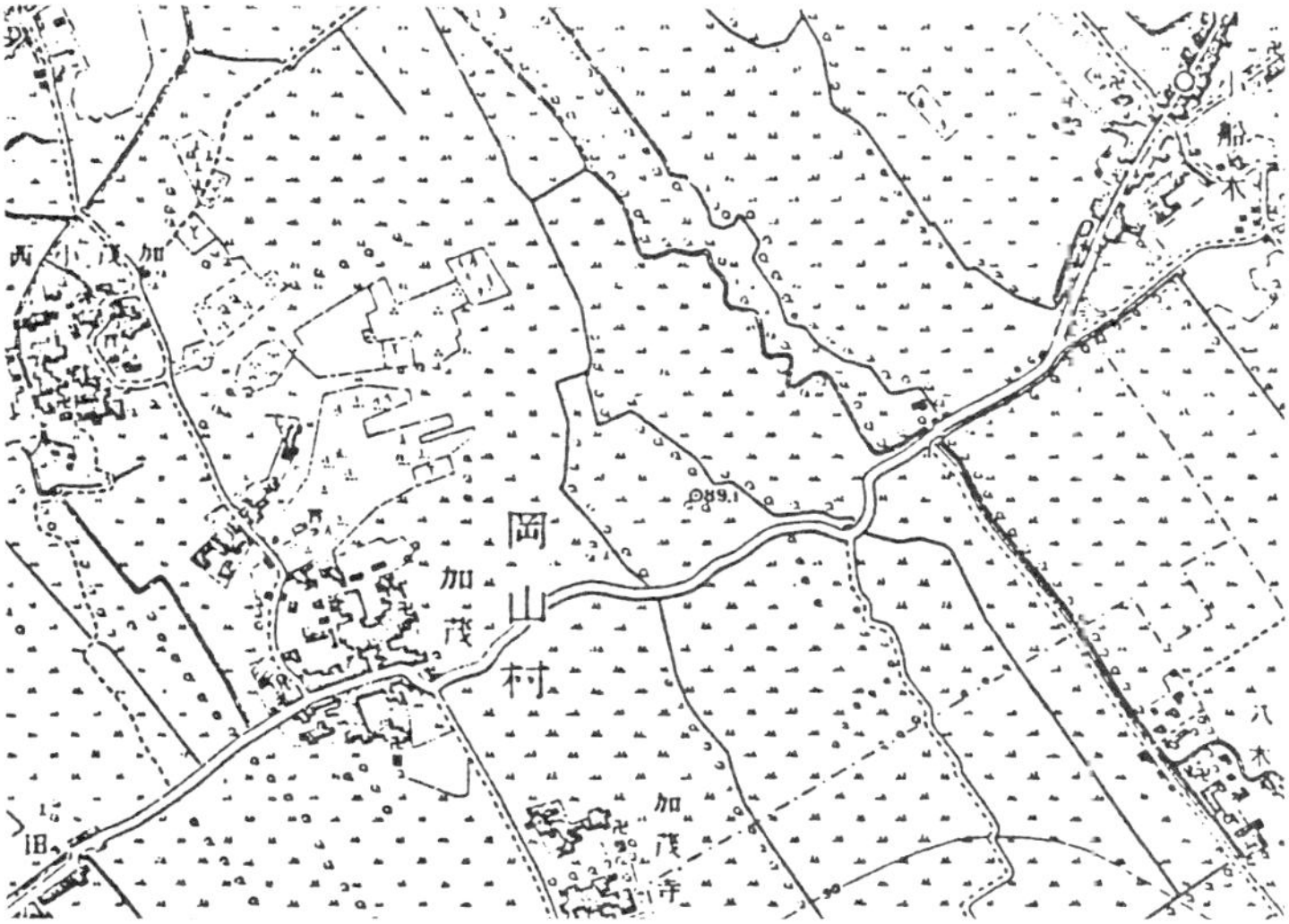

加茂から小船木にかけて道が曲がっているのがよくわかる。（明治の地図）

京街道をゆく

小船木商店街を過ぎ、やがて街道はL字型に曲がる。その正面に「左京みち　右長命寺一里」の道標がある。右に行くと京街道筋である。八幡では「朝鮮人街道」は京道、京街道と呼ばれている。

左手には願成就寺《がんじょうじゅじ》がある。開基は聖徳太子という。八幡山の山麓にあったが豊臣秀次が城を築く際、現在の日杉山に移った。木造十一面観音立像（重要文化財）がある。境内には岩座と考えられる岩石が露出している。昨年は松尾芭蕉の没後三百年にあたり、境内に三本目の句碑が建てられた。

一五八五年（天正十三）豊臣秀吉の甥、秀次は八幡城を築城し、織田信長の安土城下を模して八幡町を開町した。町は碁盤の目状に整然と区画され、今も魚屋町、大工町、鉄砲町、畳屋町などの町名に名残をとどめる。しかし、秀次の死後、城下町としての体制は崩れた。その中から進取の気性にとんだ商人が出て全国的に活躍した。近江商人である。町中にはべんがら格子の古風な町並が続き、また八幡堀に沿って白壁の土蔵が建ち並んだ。今の八幡市内にも当時を偲ばせるところがあちこちに見られる。

京街道は仲屋町《すわいちょう》通りまでまっすぐのびている。寺内北町通りを入ったところに本願寺八幡別院（金台寺《こんだいじ》）がある。この寺は、本願寺顕如が安土城下に創建し、八幡城下町の形成とともに現在地に移った。関ケ原の合戦の後、上洛途中の徳川家康が宿泊した。広い敷地に県指定文化財の本堂、鐘楼、表門、裏門などがある。裏門は近年の道路拡張で移動した。

『近江蒲生郡志　巻八』には一六八二年（天和二）に通信使が来日したときの近江八幡での記録がある。それによると、

三使上々官　上官　　西本願寺別院
中官　　　　　　　　正栄寺　菊屋弥兵衛
下官　　　　　　　　蓮照寺
通詞　　　　　　　　桔梗屋庄太郎　堺屋権兵衛　塩屋九郎兵衛
両長老伴僧　　　　　宝積寺　油屋九郎右衛門　江戸屋七左衛門
宗対馬守　　　　　　正福寺

など一行は七十二軒で昼食をとった。その他にも御馳走役、賄役などもそれぞれに宿を取った事が記されている。

市立図書館・郷土資料館の東を通る新町通りは八幡商人の町屋がよく保存されている。

郷土資料館は、かつて近江商人として江戸初期海外貿易で活躍した西村太郎右衛門邸跡にある。また、歴史民俗資料館は隣接する江戸時代末期の民家を修復し、当時の近江商人の生活ぶりを再現している。一九八三年（昭和五十八）に重要文化財に指定された旧西川利右衛門邸の裏庭にある土蔵は三階建てである。

JRびわこ線
おうみはちまん
→野洲
WEST WING
ホテルニューオウミ
平和堂
黒橋川
出町
近江八幡市役所
黒橋史蹟址碑
トンカツ音羽亭
ダイエー
中村町
常夜燈道標
カントリーエレベーター
土田町
八幡中
八幡別院
下街道
廃道
→野洲
白鳥川
近江八幡中央卸売市場
小船木商店街
願成就寺
小船木町
水郷
日牟礼八幡宮
ロープウェイ
八幡堀
道標
「左京みち
右長命寺一里」
多賀町
瑞龍寺
八幡山

近江八幡市

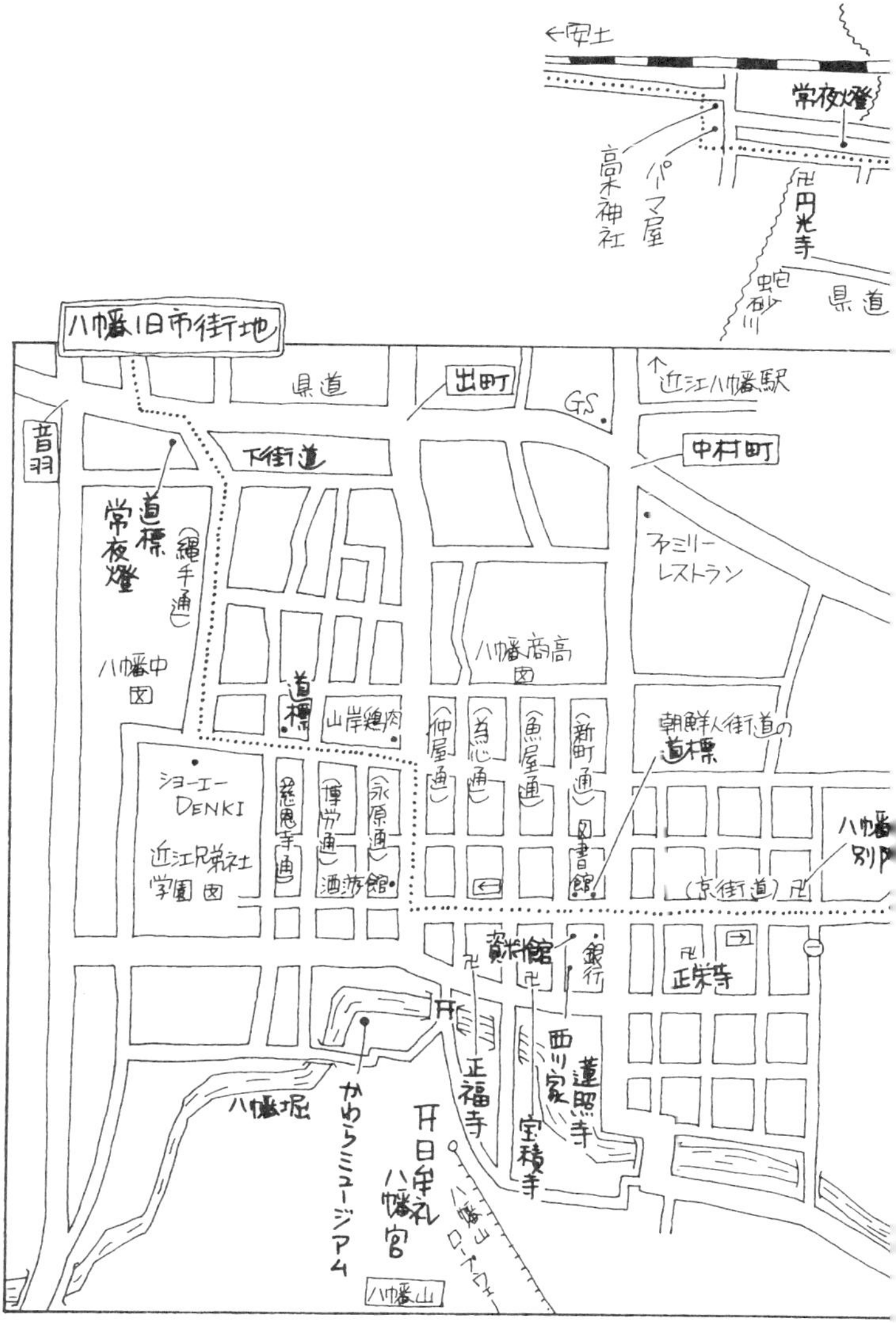
←安土
常夜燈
高木神社
パーマ屋
円光寺
蛇砂川
県道
八幡旧市街地
県道
出町
GS.
↑近江八幡駅
音羽
下街道
中村町
道標
常夜燈
(縄手通)
ファミリーレストラン
八幡商高
八幡中
道標
山岸鶏肉
(仲屋通)
(為心通)
(魚屋通)
(新町通)
朝鮮人街道の道標
ショーエー DENKI
近江兄弟社学園
(慈恩寺通)
(博労通)
(永原通)
酒游館
図書館
八幡別院
(京街道)
資料館
銀行
正栄寺
西川家
正福寺
蓮照寺
八幡堀
かわらミュージアム
日牟禮八幡宮
宝積寺
八幡山ロープウェ
八幡山

新町通りは八幡堀・日牟礼《ひむれ》八幡宮付近や永原町通りとともに「伝統的建造物群保存地区」に指定されている。

日牟礼八幡宮は平安時代に造られ、秀次の八幡城の築城に際し、山腹にあった上八幡社を現在の位置にあった下八幡社に統括した。八幡町の地名も開町以前に地域で信仰されていた日牟礼八幡宮に由来するといわれている。

ここには、近江商人の東南アジアにおける活躍を示する「安南渡海船額《あんなんとかいせんがく》」（重要文化財）がある。一六四七年（正保四）、西村太郎右衛門が安南（今のベトナム）より日本に帰国したところ鎖国のため入国できず、この絵馬を奉納したといわれている。四月十四・十五日の松明祭《たいまつ》（八幡

京街道

八幡堀

まつり）と三月中旬の左義長祭は有名。

また、八幡堀は八幡築城に際して掘られた内堀であるが、両端は琵琶湖に接し、運河であり港であった。湖上物流のための経済的機能を兼ねていた。ヘドロの堆積がひどかった堀が市民の運動でよみがえった。

八幡堀に面して、一九九五年の八月に瓦工場跡に「かわらミュージアム」がオープンした。「八幡瓦」の伝統と文化を伝える施設として注目を集めている。


街道は仲屋町を右折し南進する。左手に酒游館がある。酒游館は老舗の造り酒屋・西勝酒造の酒蔵が「見る」「飲む」「遊ぶ」の空間に変わったもの。酒造りの道具も展示してあり、ギャラリーやサロンとしても利用されている。

朝鮮通信使を模した瓦人形（近江八幡市立資料館蔵）辻村耕司撮影

上筋との交差点で左折して東進、八幡中学校前で南進、縄手町、音羽町を通り県道を横切る。途中、慈恩寺町に「左　くわんおんし二里」「右　長命寺一里半　すく京道」の道標がある。県道と交差点には、「すく　長命寺みち　是より　一里半と十丁」「くわんおん寺道　是より　二里」の道標と常夜灯が建っている。この常夜灯は新道（県道）が出来て移されたもので、以前は一本北の道の角にあった。

くわんおんし（観音寺）とは安土町にある観音正寺のこと。長命寺は長命寺山の中腹にあり、聖徳太子の開基。西国三十三所観音霊場の第三十一番札所として有名である。「朝鮮人街道」筋には長命寺を示す道標が多く、街道が巡礼道としての要素も持っていたことを示している。

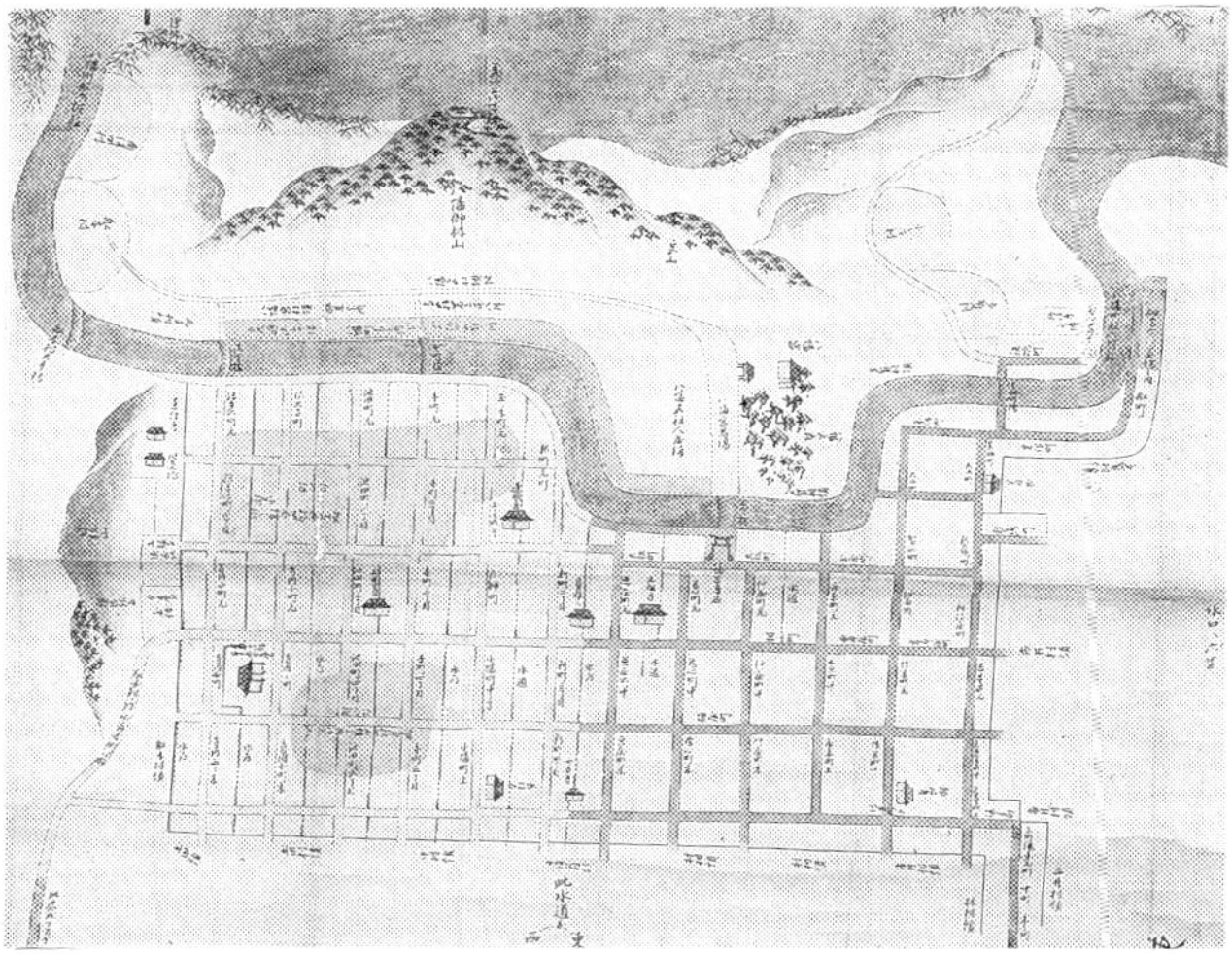

江州蒲生郡八幡町絵図（近江八幡市立図書館蔵）

近江八幡・員弁線を東に横切ると黒橋にでる。ここは中山道に出る道や浜道、長命寺道などの分岐点であったため、一四七〇年（文明二）、六角氏と京極氏の黒橋合戦があった。また、応仁の乱後も戦場になった。黒橋川のたもとにはその史蹟碑が建っている。

八幡から黒橋、西庄町、長田《おさだ》町と続く道は、「朝鮮人街道」特有の屈折の多い所だ。

西庄村の「御上洛海道拾三町余」の地図を見ると、黒橋から西庄にかけての屈折した道筋がよくわかる。地元の人は「黒橋の七曲がり道」と呼んでいる。

街道は西庄のはずれのT字路を南に曲がり、高木神社の角を東に曲がって長田を通り安土に続く。旧道は新しく出来た道の東側にあったが、今は私有地になって消えている。

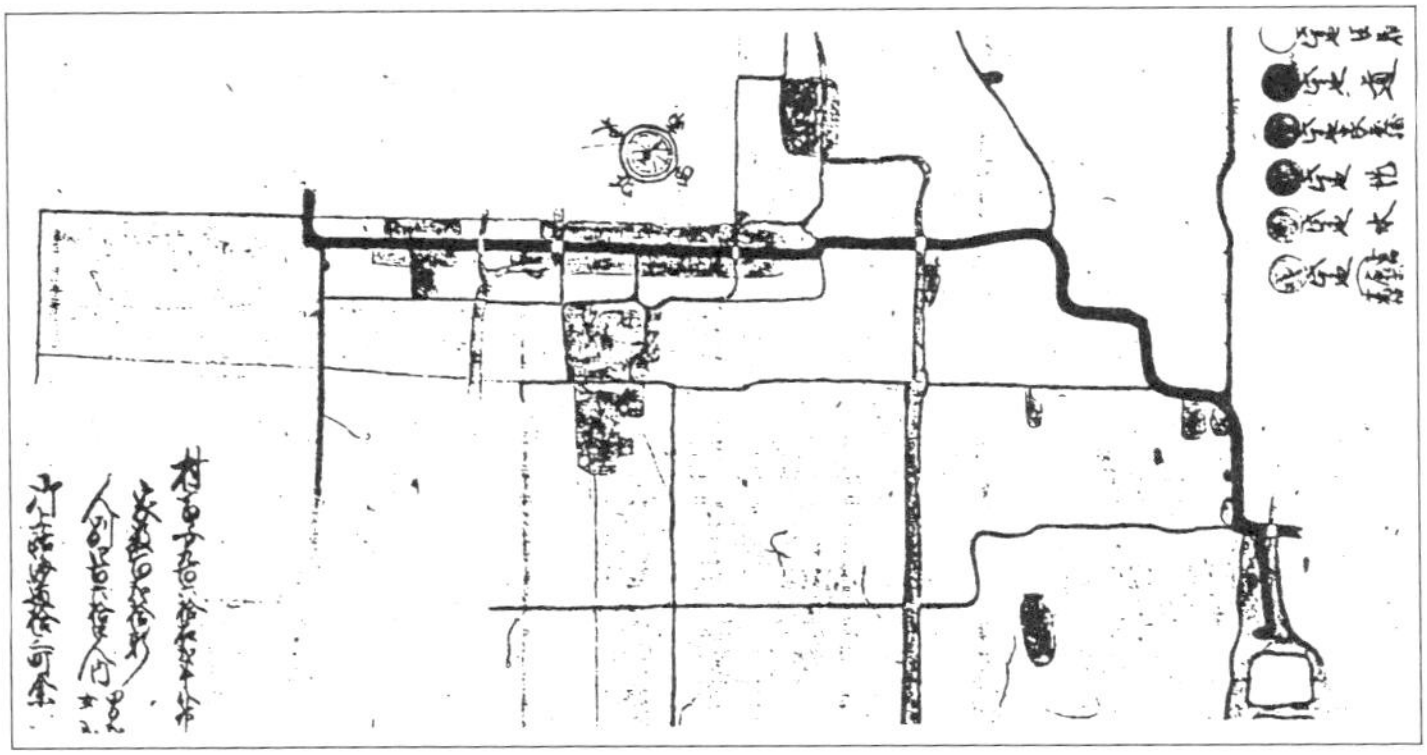

西庄村「御上洛海道拾三町余」の図　1866年（慶応２）６月（村井家蔵）

4、道さがし、安土・能登川

信長のつくった町

八幡から安土に入る。右手に「安土浄厳院《じょうごんいん》」という道標がある。その角を右に曲がりＪＲを渡ると「安土宗論」で有名な浄厳院がある。浄厳院は一五七八年（天正六）織田信長によって建てられた浄土宗の寺。この地はもと佐々木六角氏が建てた慈恩寺の跡地であった。近江八幡市多賀町にあった興隆寺弥勒堂（重要文化財）を移し、栗太郡の金勝寺より僧明感《みょうかん》を招き金勝山浄厳院とした。本尊は阿弥陀如来像（重要文化財）で、平安時代の作。

一五七九年（天正七）浄土、法華両宗の議論がこの寺で行われ、世に安土宗論（安土問答）として有名である。浄土宗の僧玉念・貞安が教義上の相違点をめぐる論争で法華宗を論破した。

浄厳院北門の前の道は景清道《かげきよみち》と呼ばれている。平景清が通ったのでこの名があるが、中山道や「朝鮮人街道」の間道「かげ京道」とする説も有力である。

しばらく行くと道が狭くなる。安土では観光案内所発行のイラストマップの入ったパンフレットと安土町役場からＦＡＸ送信されてきた地図を元に、地元の人々に尋ねて歩いた。

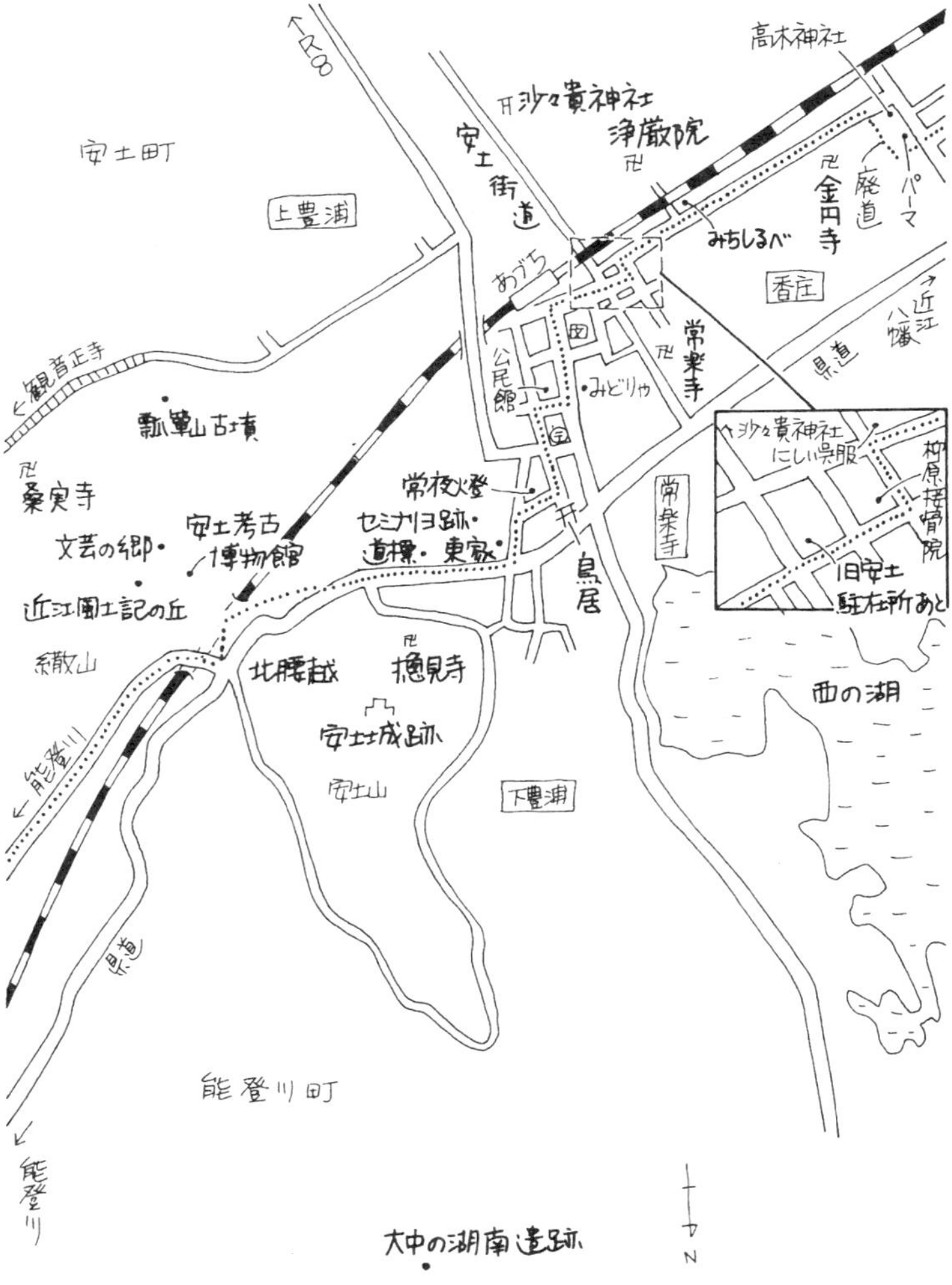
R8
安土町
上豊浦
観音正寺
瓢箪山古墳
桑実寺
文芸の郷
安土考古博物館
近江風土記の丘
繖山
能登川
北腰越
摠見寺
安土城跡
安土山
下豊浦
県道
能登川町
能登川
大中の湖南遺跡
N
安土街道
あづち
沙々貴神社
浄厳院
高木神社
金円寺
廃道
パーマ
みちしるべ
香庄
近江八幡
県道
公民館
みどりや
常楽寺
常夜燈
セミナリヨ跡
道標
東家
鳥居
常楽寺
沙々貴神社
にしい呉服
柳原接骨院
旧安土駐在所あと
西の湖

郵便局はなかった

大字慈恩寺を東進すると道が急に細くなった。そこで車を降りて、角のIさんにお話を伺った。「私の家の前を曲がるのですよ。すぐそこや。それから郵便局の前で曲がるのじゃない」。しかし『近江の街道』には「…大字上豊浦の安土郵便局角東進（公民館前）…」と記載されている。パンフレットでは公民館前を通っていない。私達は困ってしまった。突然某新聞部員が、郵便局が移動したのではないかと言い出し即郵便局へ走る。彼の予想通り、最近一筋北に移動していたのであった。

あいにく公民館は休み。その前でせっせと畑仕事をしておられたT氏によると「公民館付近にも昔、松並木がありましたが伐採されたのです。私は公民館の老人大学で朝鮮通信使の学習をしていますが、国の広さを見せるために道が曲がっているのでしょう。子供だましだ」。道のことをきくと「鳥居をくぐって新道に出るのです」「オットー」意外な言葉に私達は驚いた。

この辺りは本当にわからない。ひとまずTさんの話を無視して松原本町を東進してみる。

Hさん宅を訪れたら「朝鮮人街道にまっすぐな道はない」と言って、図の赤線のコースを主張された。Sさん宅でも「この道は織田信長の祭りで馬が通ります」とのこと。

鳥居の近くにある活津彦根神社できくと、一言、「わからんわ…」。私達はH説を支持して安土をあとにした。

（彦根東高校新聞二二八号）

結局、安土では時間をとってしまった。『近江の街道』の記述は古かったが正しかった。役場から送ってもらった地図のうち、古いほうのは合っていた。今の地図に書き入れてあった矢印が、現在の郵便局前に書かれていた。観光パンフも同じだった。地図と現実の道との対応はなかなか難しい。今行くと、「歴史の道」の立札がある。したがって現場に行けばわかりやすいのではないだろうか。

常楽寺には常浜内湖の常楽寺港があり、湖上交通の要港であった。

信長は一五七六年（天正四）安土城を築き、慈恩寺・常楽寺・上豊浦・下豊浦を集めて城下町を建設した。翌年には「安土山下町中掟書」を出し、楽市楽座の許可や中山道を通過する商人を下街道（後の「朝鮮人街道」）を通らせるなどの策を行い城下町の繁栄をはかった。しかし、一五八五年には豊臣秀次が八幡城を築城。安土の城下町をそっくり八幡へ移し安土も衰微の一途をたどった。

「朝鮮人街道」はJR安土駅の手前で、常楽寺港跡から八日市に通ずる安土街道と交差する。この交差点の南西角に、一八八五年（明治一八）に建てられた安土巡査駐在所があった。モダンな洋風の建物で一九六五年（昭和四十）に廃所となり、今は風土記の丘に移築されている。

その道を南に行くと、沙々貴《ささき》神社がある。古代、この地の大豪族狭々城山君《ささきやまぎみ》の氏神で、のち近江守護職佐々木氏の氏神となった。

安土駅前には信長の銅像が建ち、駅周辺には信長に関するモニュメントが建っている。安土では信長を中心とする町づくりが行われている。

安土駅を北に折れ公民館の前で東に曲がる。次の角を北に曲がりまっすぐ進む。JRを立体にまたいできた道も横断し活津彦根神社の鳥居の手前で東に折れ、常夜灯のあるT字路を北に折れ、東家《ひがしけ》の前を通り県道に出る。東家は江戸時代、下豊浦東村の庄屋をつとめた家で、当時の人々の生活を描いた絵図や古文書がたくさん残されている。

近くにあるセミナリヨ跡は、イタリア人宣教師オルガンチノによって創建された日本最初のキリシタン神学校跡である。信長はこの安土の地で宣教師を手厚くもてなした。日本二十六聖人の一人に数えられる三木パウロの顕彰碑が建てられている。

旧安土巡査駐在所

県道に出て東進すると左に安土城址があり、右に風土記の丘がある。

安土城は、天下統一を目前にした織田信長が、丹羽《にわ》長秀《ながひで》に命じて約三年の歳月をかけて完成したわが国最初の天守閣を有する城である。瓦や柱には金箔が置かれ、まさに絢爛豪華な城であった。一五八二年、本能寺の変の後焼失して石垣のみが現存する。

安土城跡をはじめ観音寺城跡、瓢箪山《ひょうたんやま》古墳、大中《だいなか》の湖南遺跡などすぐれた史跡ゾーンである「近江風土記の丘」の中心的な施設として、県立安土城考古博物館が一九九二年（平成四）に開館した。第一常設展示室では「大中の湖南遺跡と弥生時代・瓢箪山古墳と古墳時代」、第二常設展示室は「中世の城づくりと戦国大名の城・安土城と織田信長」が見られる。

駅からは歴史の道の立札に従って街道をたどることができる。

隣にある文芸の郷は、九四年オープンした。安土城天主「信長の館」、文芸セミナリヨ（文化ホール）、安土マリエート（総合体育館）などがある。

観音寺城跡は、繖山《きぬがさやま》（観音寺山）に築かれた近江源氏佐々木氏の居城で、日本一の規模を誇る山城といわれる。また観音正寺は繖山五大古刹のひとつで西国三十二番札所である。開基は聖徳太子と伝えられる。一九九三年に本堂が消失した。

やがて街道は、安土町と能登川町の境界である北腰越の峠に出る。北腰越は信長が安土山と繖山の鞍部を開削し切り通しを

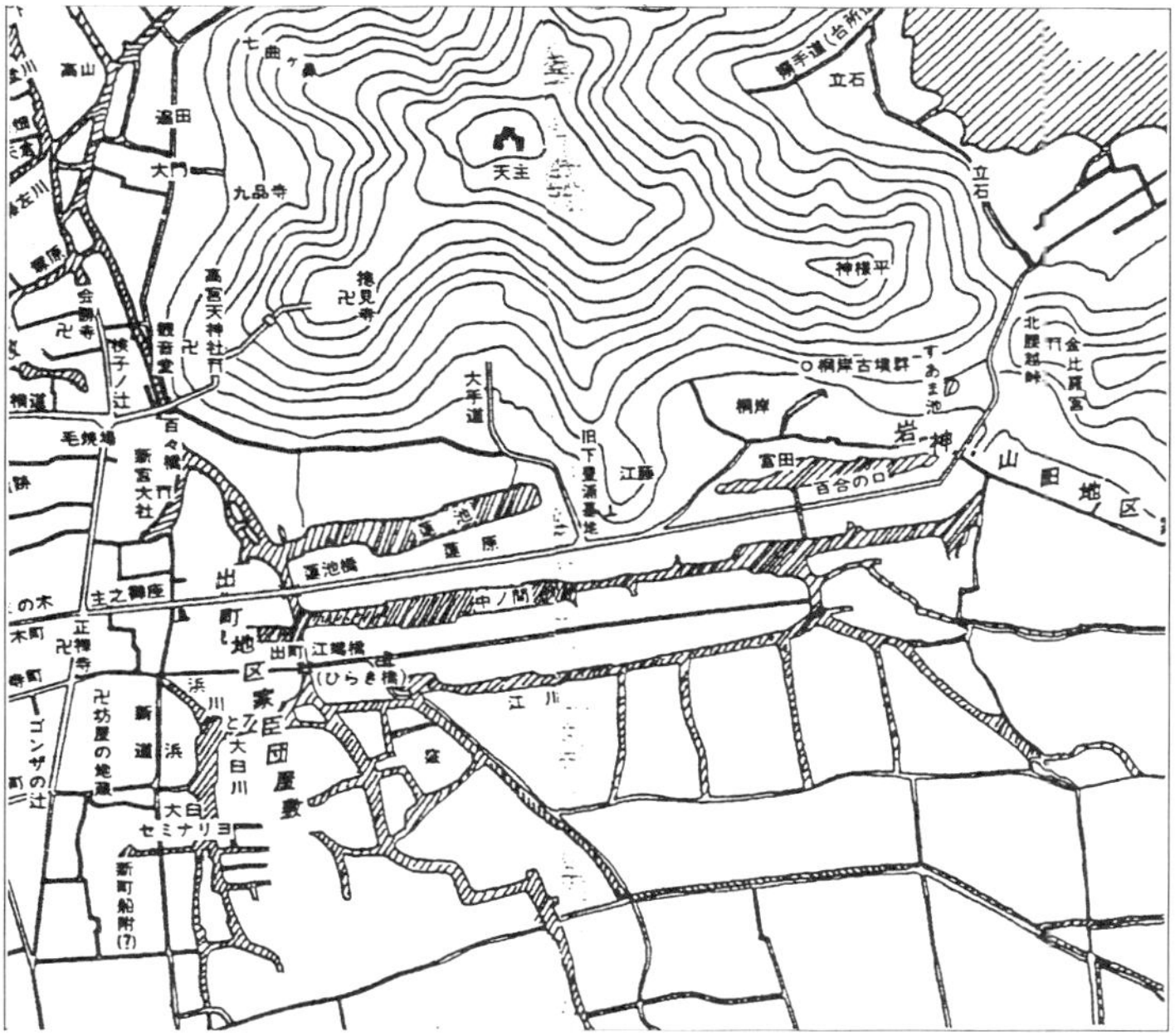

安土城下復元図（秋田裕毅『織田信長と安土城』より）

作ったもの。この下にＪＲのトンネルがあり、このトンネルを境として冬の積雪量も大きく変わるところである。

彦根東高校新聞では、安土山の下から北腰越へは新道（県道）にしておいたが、その後明治時代の地図や古い安土城の地図、東家に保管されている絵地図などから本来の道は廃道になっていることがわかった。

やますその道

峠を越えたところで県道とわかれ右の道へ入る。繖山のやますそを通る道である。道はＪＲ線の東側を並行に北進する。このやますその道が「朝鮮人街道」の中でももっとも情緒ある道ではないだろうか。

峠を少し下ると、右側に一八二二年（文政五）に建立された法華塔がある。山がと

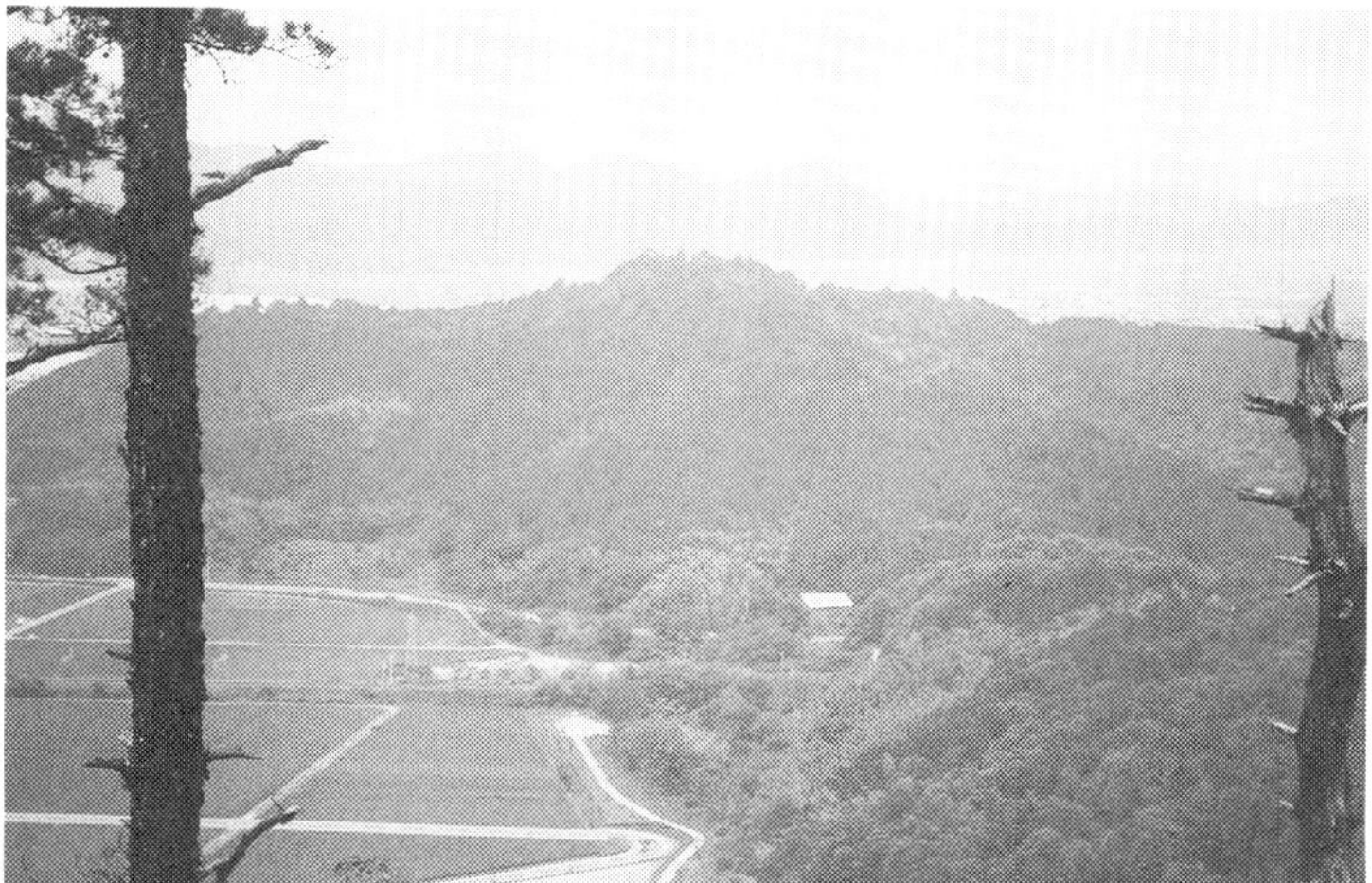

安土城跡。右手が北腰越。

ぎれる辺りから右手に「やわらぎの郷公園」があり、テニスやゲートボールが楽しめる。明治時代に他に先がけて耕地整理が行われたことを示す「縣下最初之耕地整理」の碑が建っている。集落内にはいると道は細くなる。

　左手に超光寺があるが、そこから数十メートル先の右側の道ばたに「従是南摠見寺領」と刻まれた石碑が建っている。石柱は破損しており鉄枠で補強されている。ここが南須田と北須田の境界で、かつては南須田は蒲生郡、北須田は神崎郡であった。

　須田川を渡ると集落は途絶える。次の集落安楽寺に入るところで左

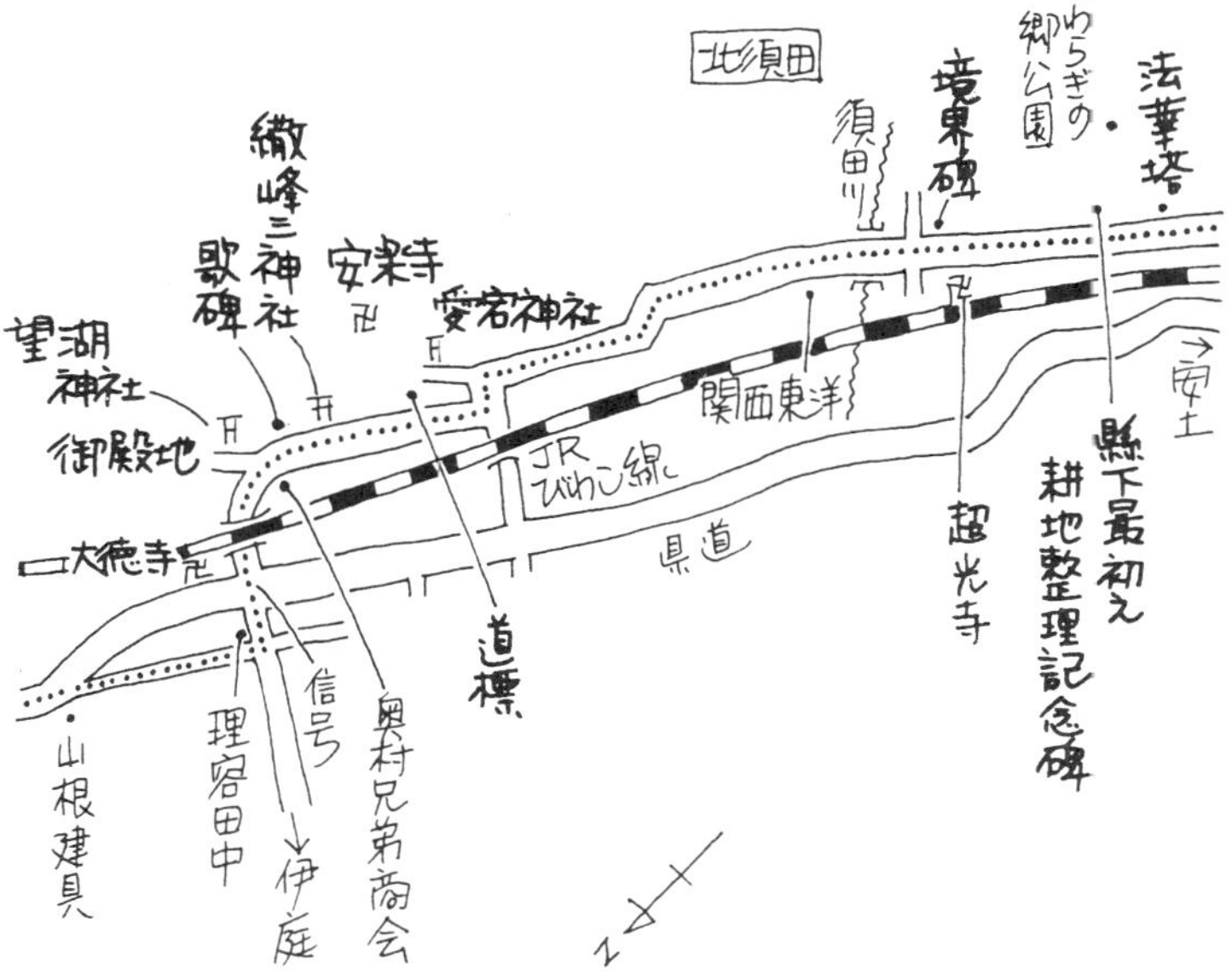

街道のおもかげ残る山すその道を歩く部員

に直角に曲がり、百メートル程行って北へ向きを変える。繖山山腹には聖徳太子の創建と伝えられる安楽寺がある。また参道の入り口には自然石を利用した「湖邊順禮二十四番　観世音　安楽寺道是より三丁」という道標が建っている。

坂下し祭りで有名な繖峰《さんぽう》三神社、行者堂、阿部鏡子の歌碑、望湖神社などが右側に続く。伊庭《いば》坂下し祭りは、繖山山頂の繖峰三神社からふもとの大鳥居まで、岩あり断崖ありの急な坂道を、氏子若衆の手で御輿を引きずり下ろす勇壮な祭礼で毎年五月三日におこなわれる。

歌碑には、「此の路やかのみちなりし草笛を吹きて子犬とたわむれし路」と刻まれている。歌の主、阿部鏡子は明治二十年代に大阪船場に生まれた。小学生の頃、倒産のため一家は故郷の能登川に帰り住んだ。碑は一九六二年に建てられた。

道は左に直角に曲がるが、そのまま北進すると御殿地に出る。ここには三代将軍家光の上洛施設として、一六三四年（寛永十一）に小堀遠州が建てた伊庭御殿と称する建物があった。現在は石垣、池泉、井戸（御茶の水）などが残っているが、建物は石馬寺《いしばじ》の方丈に移したといわれている。『朝鮮人道見取絵図』には御茶屋跡と記されている。

街道は、ＪＲ線・県道を横断して次の辻で北へ右折する。この辺りは通称浜能登川と呼ばれている。しばらくして県道と合流する。

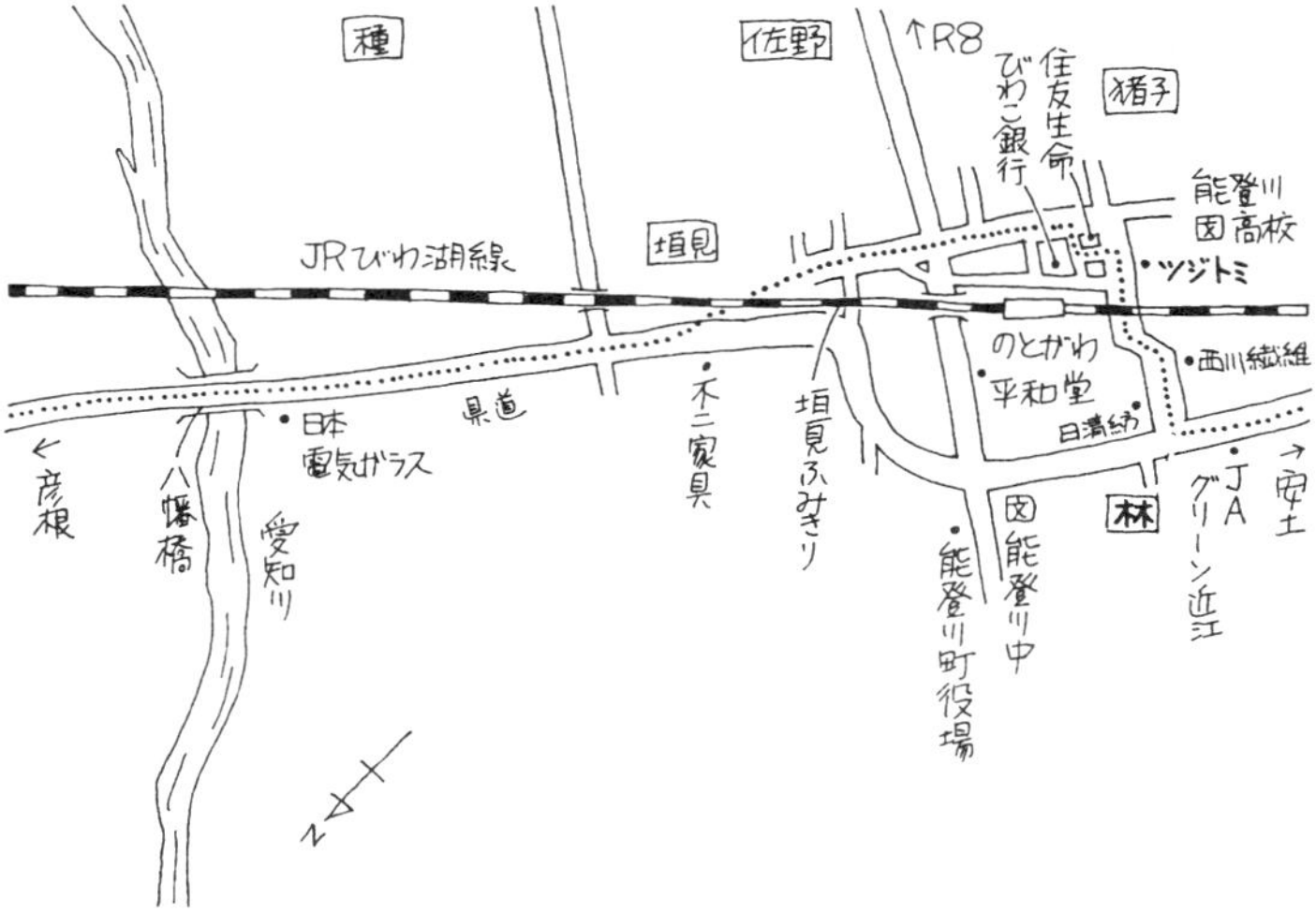

最難関の能登川駅前

ＪＡ能登川をこえたところで右に折れ、山路川に沿って東に進む。この辺りは繊維を中心とした工場地帯で、左手に日清紡績、右手に西川繊維などの工場がある。ＪＲの踏み切りを渡って北へ左折するのであるが、さてここからが問題なのである。

最初に朝鮮人街道について尋ねに行った旅館では、おかみさんが「私はわからないから警察に聞いてみたら」と言ってくれた。しかし警察（駅前派出所）では「能登川中学のある方と違うんか」と新道（県道）を教えてくれるだけだつた。だが、ついにある八百屋で、「駅前を通る道や」と今の本町通りを聞き出すことに成功した。

まだまだ納得できない我々は、（猪子《いのこ》の）踏み切りを渡った分岐点付近に住んでいる人に聞けば完璧にわかるだろうと推測し、近くの店を回ってみた。そしてある化粧品店で情報を得た。…………（中略）
いろいろ調べてみた結果、七種類もの説が続出してしまった。
（彦根東高校新聞二二八号）

猪子(林)の踏切。ここから先が困難をきわめた。

能登川で約一時間聞き回り、結論の出ないまま夕方になったので、切り上げることにした。実は「駅前の本町通り」でも「山路川沿いを行って曲がる道」でもなかった。「朝鮮人街道」は、「山路川沿いを行き、三度曲がって元町通りへ出る道」だったのだ。
夏休みが過ぎ、九月になった。この辺りについては次のように部員たちは述べている。

そこで我々は作戦を変更し、古地図を調べてみることにした。まず大正十年の地図を見てみると、前出の旅館のある通りは当時溜池や田んぼだったことがわかった。

次に明治の地図を見た結果、駅前を通る「本町通り」説が有力になってきた。しかし、駅前の通りは鉄道開通時に作られたものだと言う人もあり、我々には鉄道が開通した明治二十二年以前の地図がどうしても必要だった。そこで、江戸時代に書かれた「朝鮮人道見取絵図」をやっとの思いで探し出した。この本から、道は猪子付近で曲がっていることがわかった。

最後の詰めとして、郷土史の専門家であり、『猪子の歴史』の著者小林氏にインタビューしてみた。氏は区長の家にある『神崎郡猪子村地引絵図』の写真を見せてくださった。これで真実がはっきりとわかった。

（彦根東高校新聞二二八号）

私達は明治時代に測量された地図と江戸時代の『朝鮮人道見取絵図』に矛盾があり、国鉄ができたあとの地図には駅前の新道（本町通り）だけが記載されているのではないかと考えた。そう考えれば、『朝鮮人道見取絵図』と一致する。でもそのことを示すものがなかった。九月八日、小林秀夫氏は本校に来られ一枚の写真を見せられた。「猪子村地引絵図」では、大字猪子と大字林の境界を道が走っていた。そのことは我々の推測とも合致し、目の前が晴れたようであった。

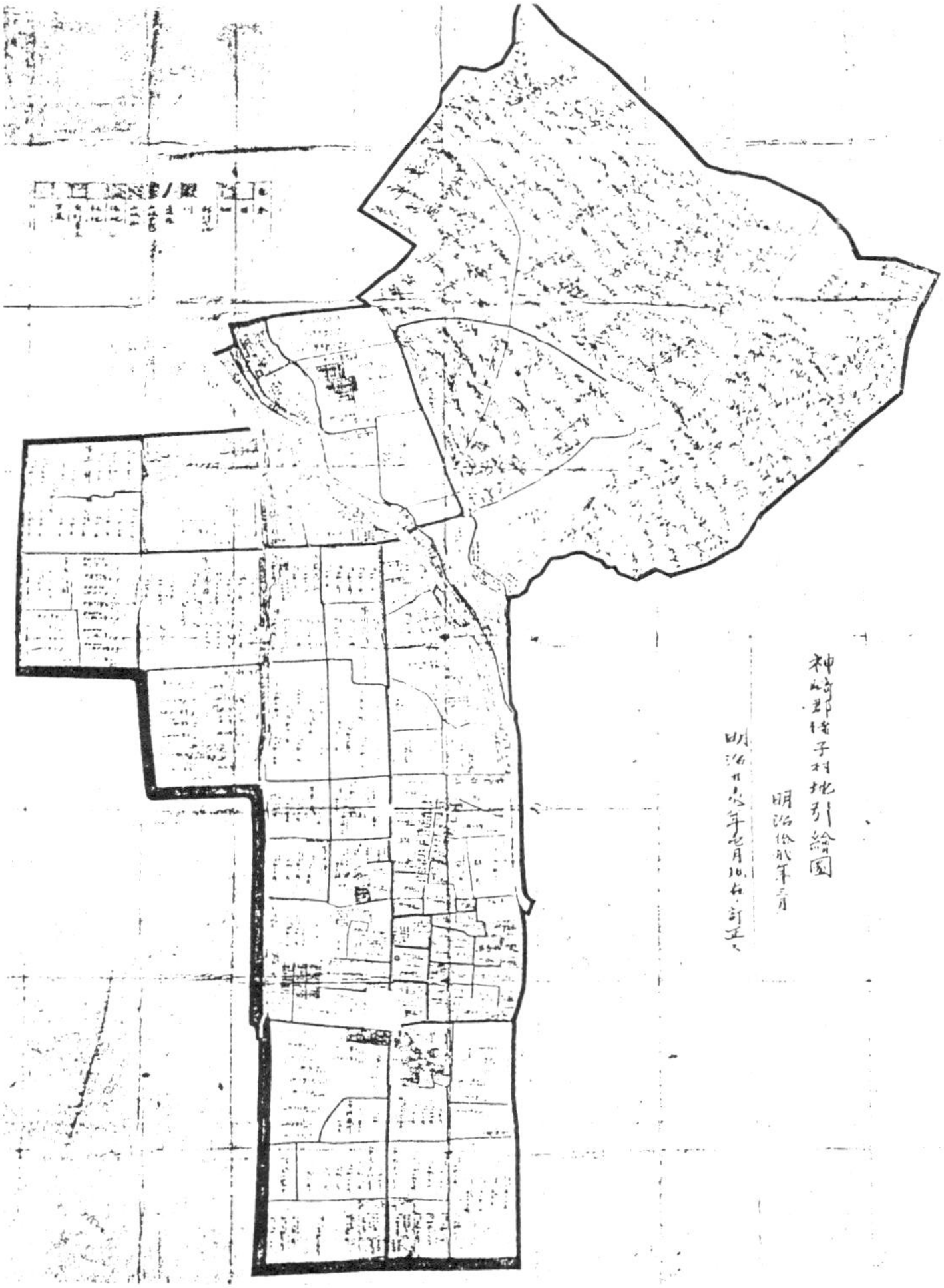

「神崎郡猪子村地引絵図」明治12年、明治21年１月現在ニ訂正ス。地図のふちは黒、道は赤でえがかれている。実物は畳二畳分の大きさ。

猪子の踏切を越えた道は、駅前の本町通りを曲がらずに、川に沿って進みツジトミの前を左に折れる。駐車場になってる間を進むと、びわこ銀行の横に突き当たり、そこを右に折れる。しばらく行くと能登川高校へ行く道に出るが、住友生命の角を左折する。

街道は元町通りを北にまっすぐ進む。JA東能登川、天神社の前を通り、垣見の踏み切に出る。以前はまっすぐのびていたが、今はJRで分断されており、踏切をわたって県道と合流する。

一九九四年、愛知川《えちがわ》左岸の能登川町種の正楽寺遺跡から、縄文時代後期の集落が発見された。竪穴住居跡や貯蔵穴などの日常の遺構の他に、祭りを行った広場や土面などの祭具も見つかった。この集落では「縄

この道を直進、ツジトミ前の道を左折する。

文のまつり」が行われていたのではないかと言われている。

また、能登川町内では一九六〇年代半ばまで精米や粉ひきのための水車があちこちに見られた。伊庭内湖に町のシンボルとしての水車を再現、関西一の大水車、水車資料館、カヌー発着場などがある。

なお、中山道に沿った五個荘町小幡《おばた》に残る「小幡人形」のなかにも通信使の姿をした人形がある。享保年間に作り始めて今の細居源吾氏は九代目であるが、約四百種類ある色鮮やかな土人形の中の一つとして残されている。


なお、「能登川駅前のみち」のその後の調査と詳細は『湖国と文化』に連載した。それについては第六章を参照していただきたい。

小幡人形

5、通信使の宿泊地、彦根

松街道

愛知川にかかる八幡橋《やわた》を渡ると彦根市である。これより先、荒神山麓の稲枝町山崎まではほぼ一直線に延びていて、「朝鮮人街道」としては珍しくまっすぐな区間である。

途中、上稲葉町と下稲葉町の境界で道は屈曲している。現在も「く」の字に折れまがっている所が残っているが、それがもとの街道である。

新聞部で地図を作成したときには、残存している部分のみを記入しておいたが、その後、地元での調査で廃道部分が判明した。一九二九年（昭和四）に八幡橋が木の橋から鉄筋の橋になったときに道がまっすぐになった。

来迎川（不飲川《のまず》）の畔には石仏や石塔が並んでいる。この来迎川は愛知川町の不飲池を源とし、幕末には舟運《しゅううん》も行われていた。

荒神山を左に見て街道は山崎山に突き当たり、西へ直角に曲がる。新道（県道）は右へ行く。山崎山の西麓を逆コの字形に半周する。

郵　便　は　が　き

お手数ながら切手をお貼り下さい

５２２-０００４

滋賀県彦根市鳥居本町655-1

サンライズ出版 行

〒

■ご住所

■お名前《ふりがな》　■年齢　歳　男・女

■お電話　■ご職業

■自費出版資料を　希望する・希望しない

■図書目録の送付を　希望する・希望しない

サンライズ出版では、お客様のご了解を得た上で、ご記入いただいた個人情報を、今後の出版企画の参考にさせていただくとともに、愛読者名簿に登録させていただいております。名簿は、当社の刊行物、企画、催しなどのご案内のために利用し、その他の目的では一切利用いたしません（上記業務の一部を外部に委託する場合があります）。

【個人情報の取り扱いおよび開示等に関するお問い合わせ先】
サンライズ出版 編集部　TEL.0749-22-0627

■愛読者名簿に登録してよろしいですか。　□はい　□いいえ

ご記入がないものは「いいえ」として扱わせていただきます。

愛読者カード

ご購読ありがとうございました。今後の出版企画の参考にさせていただきますので、ぜひご意見をお聞かせください。なお、お答えいただきましたデータは出版企画の資料以外には使用いたしません。

●書名

●お買い求めの書店名（所在地）

●本書をお求めになった動機に○印をお付けください。

1．書店でみて　2．広告をみて（新聞・雑誌名　　　　　　　）
3．書評をみて（新聞・雑誌名　　　　　　　）
4．新刊案内をみて　5．当社ホームページをみて
6．その他（　　　　　　　）

●本書についてのご意見・ご感想

購入申込書

小社へ直接ご注文の際ご利用ください。
お買上 2,000 円以上は送料無料です。

書名　　　　　　（　　　冊）

書名　　　　　　（　　　冊）

書名　　　　　　（　　　冊）

来迎川の橋のたもと。ここから直線の道が続く

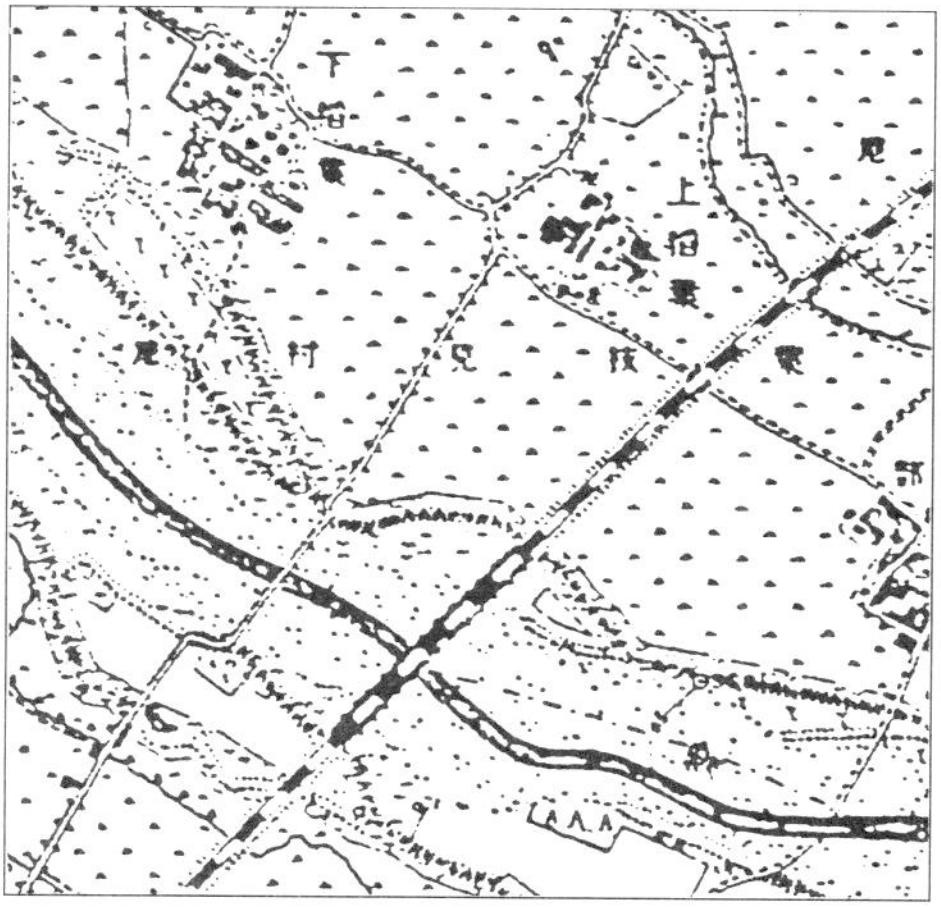

八幡橋の手前と、上下稲葉のカーブが見える（明治の地図）

この山崎には朝鮮通信使の休憩所が設けられ、「山崎御茶屋」と呼ばれていた。『信長公記』には「山崎に御茶屋立置き、山崎源太左衛門一献進上候なり」とある。「山崎御茶屋」がどこにあったかははっきりしないが、最初に左折れする辺りと地元では言われている。山崎山には中世に城が築かれていた。近年の発掘調査により石垣なども出現した。

山崎・清崎の境と参道入り口に「奥山寺」「従是荒神道八丁」と書かれた道標がある。荒神山神社は神仏分離までは奥山寺と呼ばれていた。毎年六月三十日に行われる「水無月の千日まいり」は大いに賑わう。

街道は荒神山の東側の山麓を通り宇曽《うそ》川堤にでる。宇曽川は江戸時代には舟運

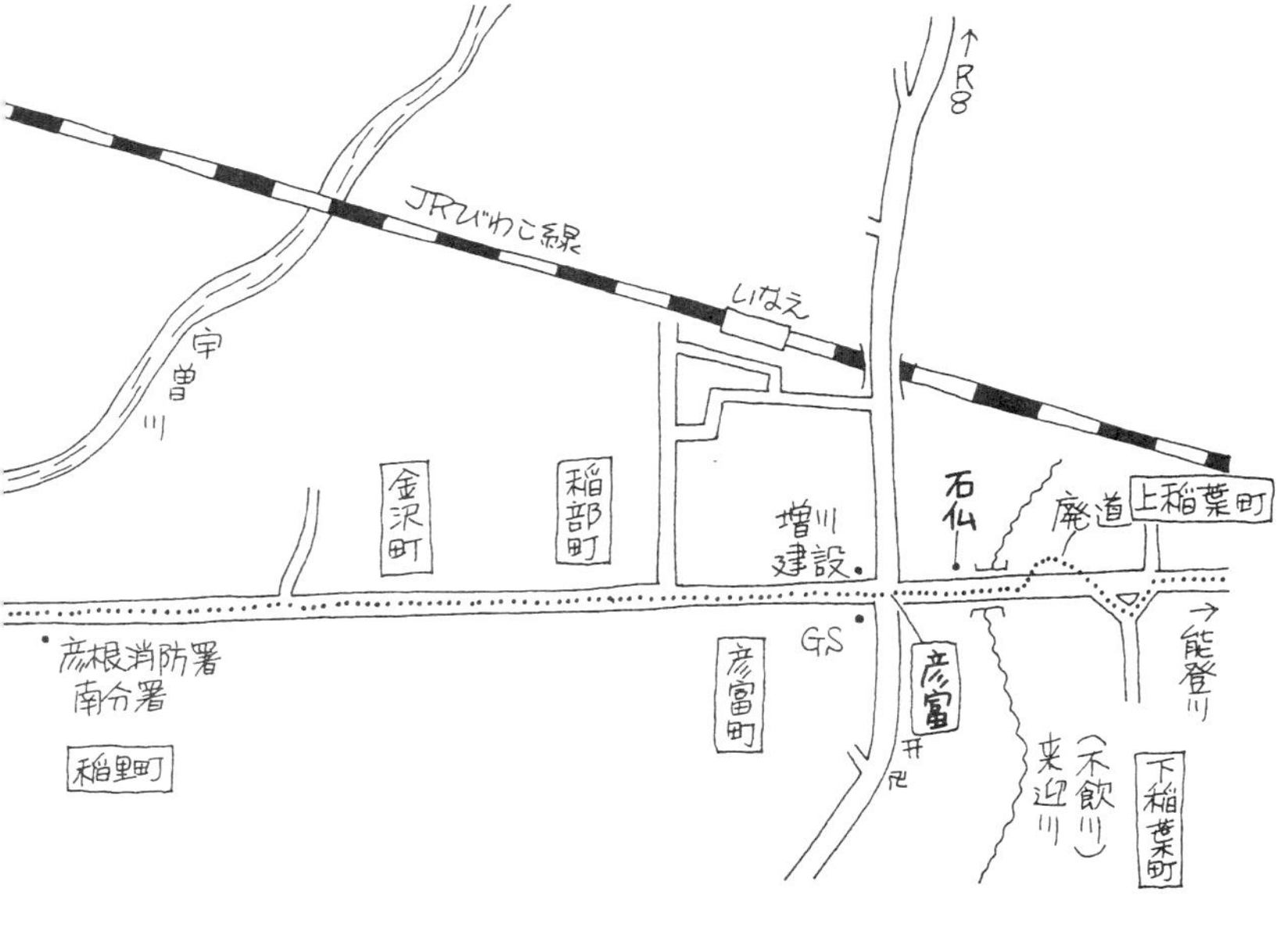

に利用された川で「運漕川」が訛ったとも言われている。その山裾に「左　八まん　右　千手寺」と刻んだ道標がある。千手寺は荒神山の東北の山腹にあり、行基が開いたと言われている。右に折れて天満橋をわたり、再び県道と合流する。

「朝鮮人街道」の道沿いには松が植えられていたため「松街道」とも呼ばれていた。山崎の公民館や清崎の公民館には松が植えられている街道の写真がある。

街道は日夏の家並みの中を通りぬける。かつての島・中沢・妙楽寺・寺・泉・五曽田・筒井・安田が一八七四年（明治七）に合併してできた大きな町である。道は条里に沿ってまっすぐ走るが、旧泉村で対角線上に東に折れる。現在日夏の東部にはニュータウンが広がっている。

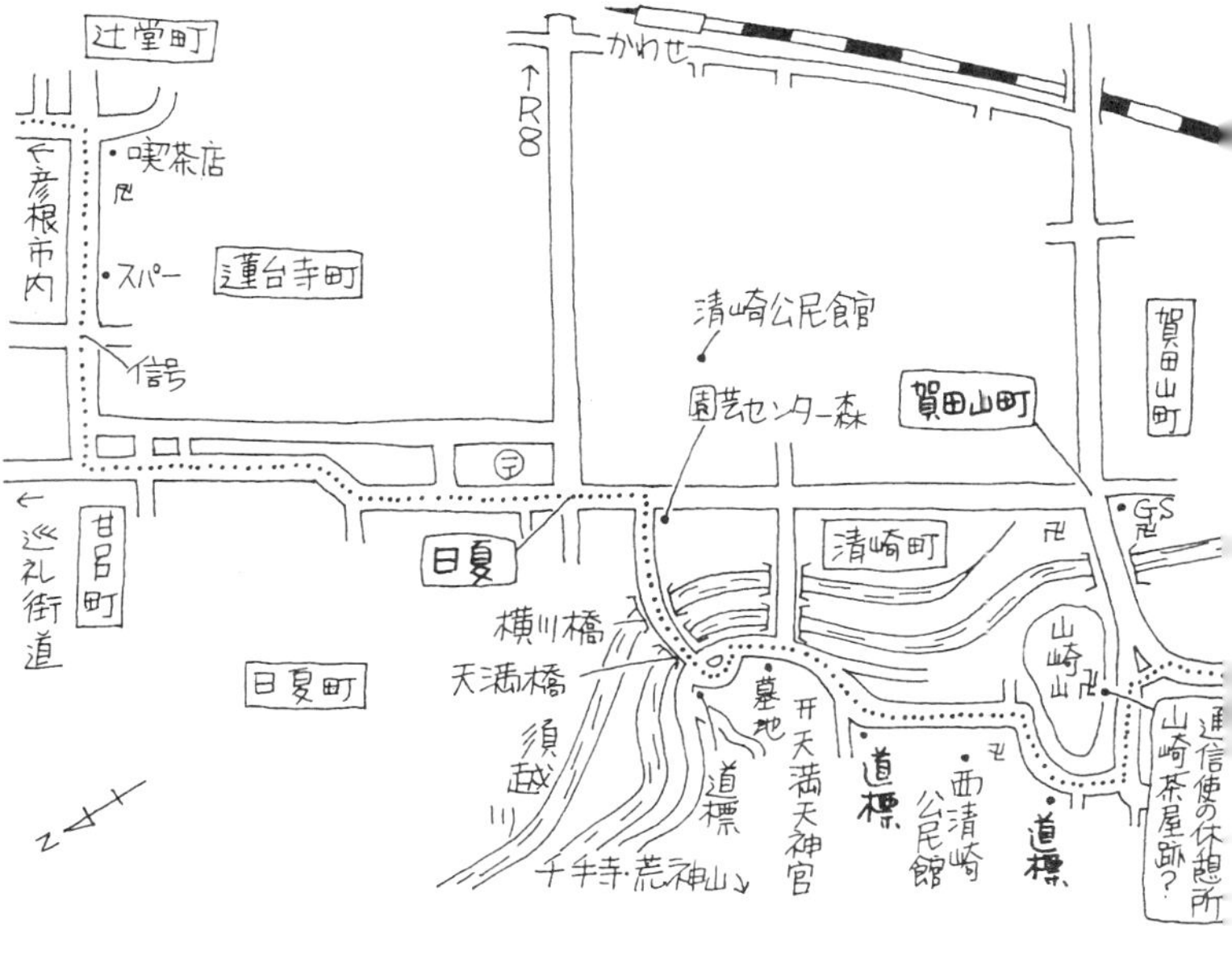

日夏を過ぎると甘呂に入り、そのまま直進すれば開出今を経て彦根の市街に入る。この道は巡礼街道と呼ばれ、彦根山（彦根城がある金亀山）にあった彦根寺への巡礼の道であった。「朝鮮人街道」はここで右折するのだが、しばしばこの巡礼街道とまちがえられている。

消えた道

堀町で再び北へ直角に曲がって犬上川を越す。宇尾、西今、小泉、平田、後三条を通り芹川を渡ると彦根城下である。

西今には古くから「十王村の水」と呼ばれている十王水がある。これは清水ヶ鼻の水（五個荘町）、醒井の水（米原町）とともに湖東三名水の一つに数えられ、全国名水百選の一つにもにも選ばれている。池中

大正初期、彦根市清崎町の「朝鮮人街道」（曽我太氏提供）

には六角形のほこらが建てられていて、母乳地蔵尊が安置されている。近年湧水量が減少してきている。

宇尾・西今は古い町並みが残っているが、西今から平田山までは広い道が続く。西今の辺りも平田の辺りも道は左右に蛇行していたが、戦後まっすぐになった。

この辺りも地元の人に聞きながら、消えた道を探した。彦根東高校新聞から引用してみる。

消えたみち——平田・西今

平田・西今では新道が作られたことで朝鮮人街道は完全に消されてしまっていた。平田では、地元のW氏が街道は埋められて今は存在しないと言われ、

中村建設前の松

その跡地には太鼓部屋が建てられていた。また中村建設前には朝鮮通信使が水を飲んだという井戸と街道に植えられていた松が残っている。

西今では、新道周辺の人に街道について聞いてみたが、街道は曲がりくねっていたらしく一部は残っているものの残りは水田などに変わり断定は難しかった。しかし航空写真が見つかり街道の道すじを確定することができた。

（彦根東高校新聞二二八号）

西今では、城南小学校の前を通り、新道西側のアパートの裏を通る。にしき食堂の後ろを通り新道に出る。平田では、中村建設前を通るのが本来の道である。地元で聞き取り調査をしたが、なかなか古い道が確定できないでいた。

「城下町を考える会」が彦根市内の学校に校区

カーブがよくわかる。（平田小学校提供）

の写真を寄贈したのでそれを見てはとの谷澤實氏のアドバイスがあり、城南小学校と平田小学校に問い合せをした。その写真が平田小学校の二階図書室前に飾られていることがわかり、夏休みの新聞部合宿の時に、一九四五年（昭和二十）の航空写真を借りてきてコピーをとり解決した。

四五年六月二十六日彦根に空襲があり城南小学校の近くに爆弾が落とされ犠牲者が出た。

平田には明照寺《めいしょうじ》という有名な寺がある。「本派別格別院　明照寺」と深く彫られた寺標が建つ。地元の人は「めんしょうじ」と呼んでいる。一九九四年が芭蕉没後三百年ということでもあり、新聞部では湖東地区の「芭蕉句碑めぐり」の特集を組んだ。

芭蕉の愛弟子、李由《りゆう》が住職だったここ明照寺に、芭蕉が訪れたのは元禄四年（一六九一）

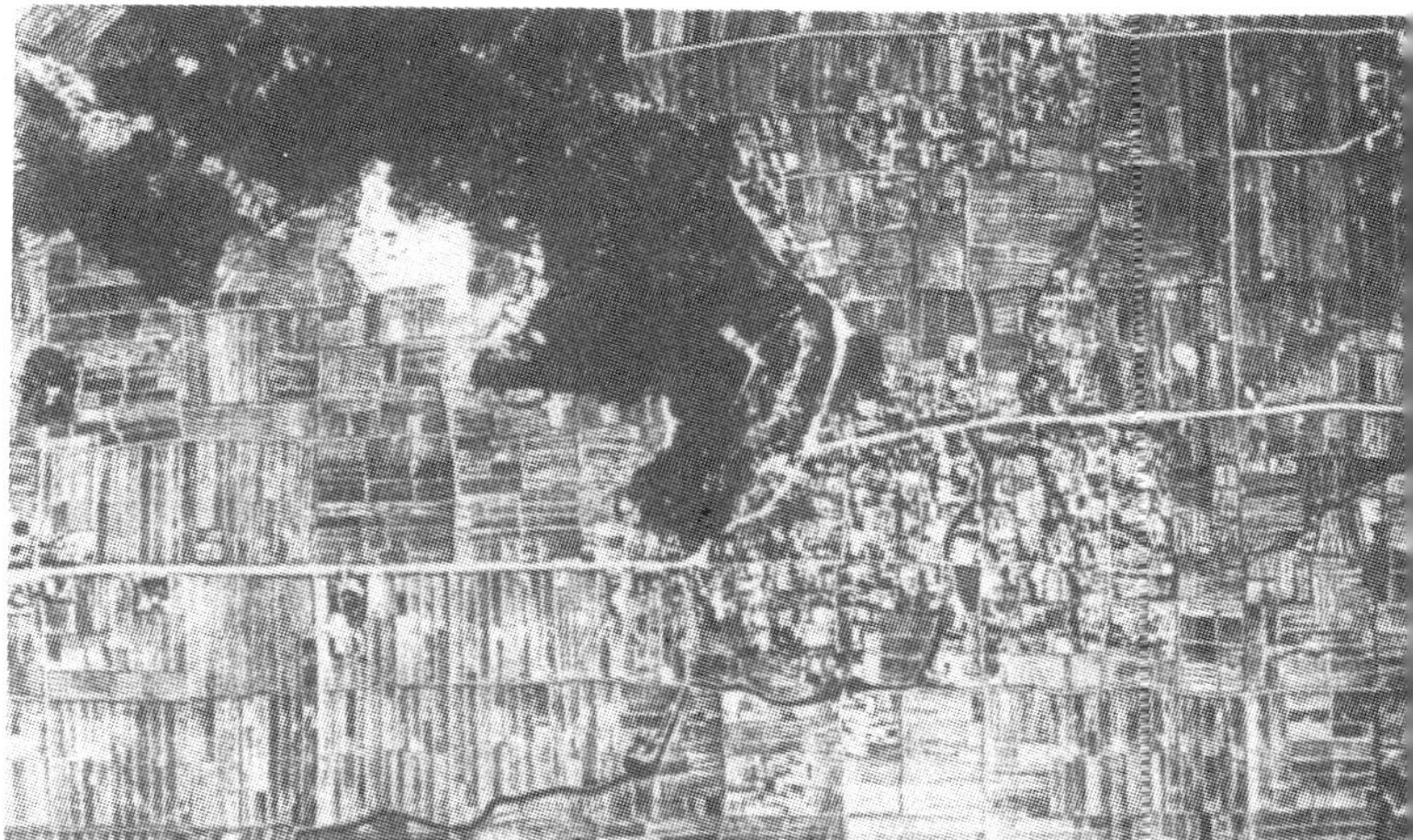

昭和20年頃の航空写真。城南小付近の

十月。その際に、「百歳《ももとせ》の景色を庭の落葉かな」と詠んだ。山門前の句碑は、高さ百二十センチ、幅四十センチ、厚さ二十五センチの自然石に刻まれている。

時に芭蕉は四十八歳。明照寺には住職李由への挨拶に寄ったのであろうが、この句は芭蕉の深い感動が感じられ、同寺に対する思いが軽いものでないことを伝えている。

境内に入り、本堂の裏手にまわると、木々が茂るその中に、芭蕉の没後に形見の笠を埋めて弔った「笠塚」と共に、李由の「乞食《こつじき》の事言うて寝る夜の雪」の句碑が並んでいる。かなり古いものらしく、石に刻まれた文字は読みづらかった。

（彦根東高校新聞二六六号）

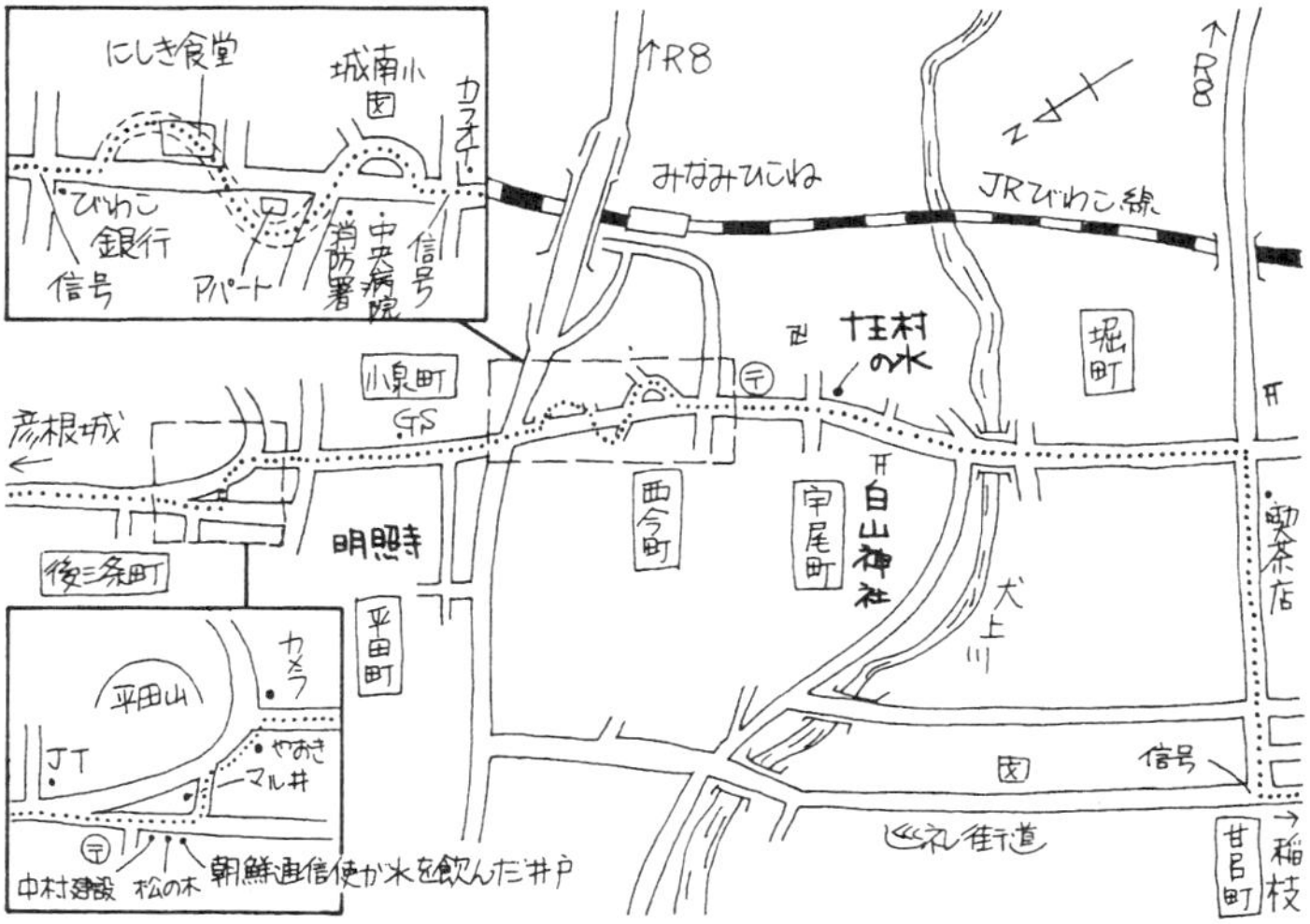

芹川を渡ると城下町へ入る。

芹川は城下町建設の時、現在のように付け替えられた。堤防強化のため両岸にケヤキが植えられたが、芹川のケヤキ並木として今に残る。

久左の辻で左折し銀座街を西に行く。平和堂生活館前を右折し、中央町を北進する。街道は、一本西側の道を右折し突き当たって右折し、あさひ銀行角を左折する。当時の城下町は、内堀・中堀・外堀の三重の堀で四郭に区分されていた。外堀は現在埋め立てられているが、外町から外堀を渡り内町に入る所に高宮口御門が設けられ、番所があった。しかも枡形になっていて、その面影がこの道順に今も残っている。なお、北の出入り口は切通し口であったがその名残はない。

さて街道の左手にそびえる国宝彦根城は彦根のシンボルである。関ヶ原の戦いで功績のあった井伊直政が一六〇一年（慶長六）佐和山城に入城する。一六〇三年には彦根山に築城を始め、二十年かかって完成したのが彦根城である。この城は京都の朝廷や西国大名を監視する要地に位置していたので幕府もその築城には力を入れた。以来一度の国替えもなく、明治維新まで井伊家の居城であった。天守閣からの眺めは絶景で、琵琶湖も一望できる。

彦根城の周りには歴史的な建物や庭園がたくさんある。

埋木舎《うもれぎのや》は井伊直弼（のちの大老）が青年時代を過ごし、禅や茶道の修業に励み「一期一会」の境地を開いたところと言われている。玄宮園は、大泉水を中心に中島を築き巨岩や木橋を配した回遊式庭園であり、楽々園は彦根藩主の下屋敷として作られたもので「槻《けやき》御殿」とも呼ばれてい

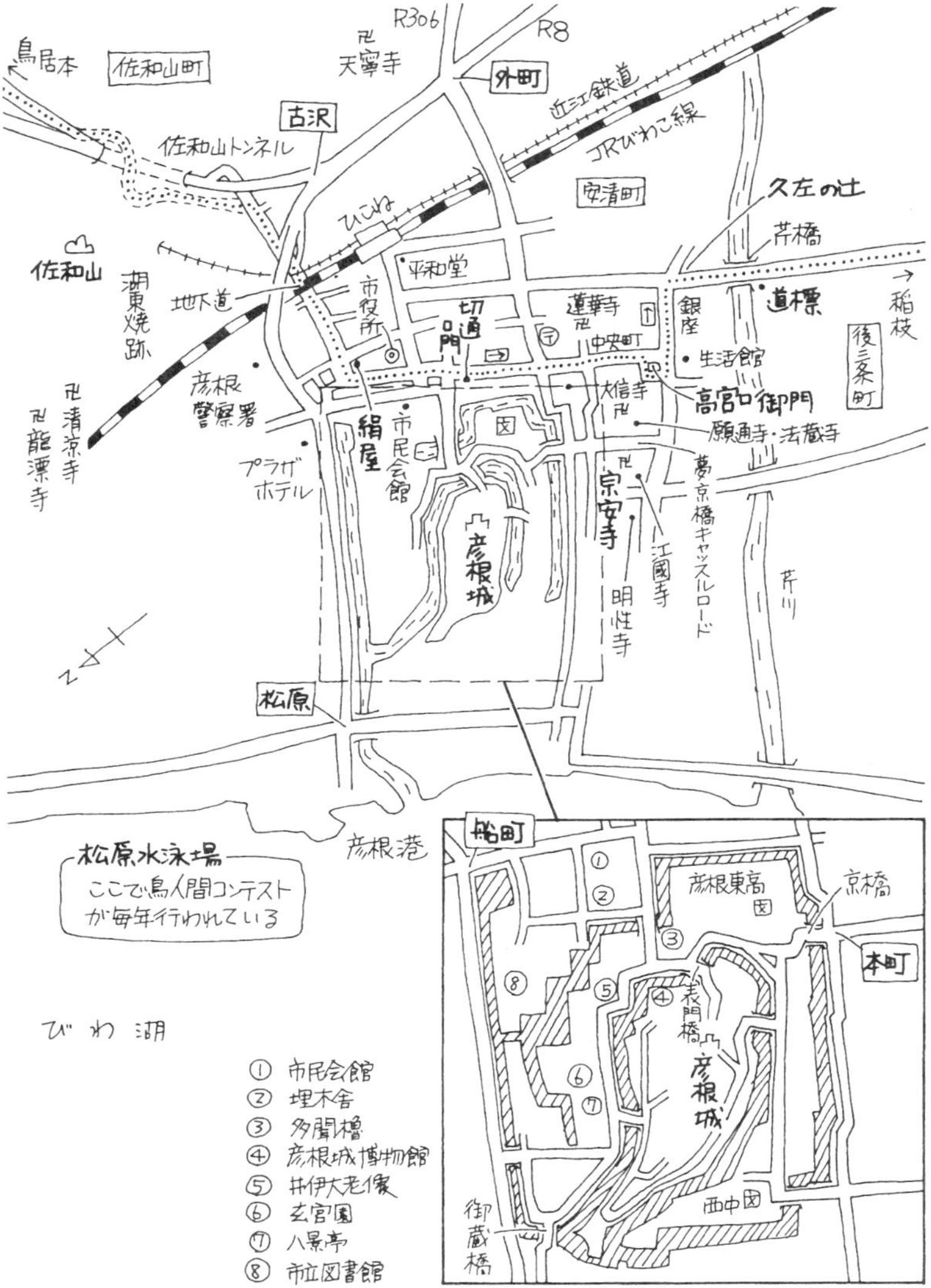
R306
R8
鳥居本
佐和山町
天寧寺
外町
近江鉄道
古沢
JRびわこ線
佐和山トンネル
安清町
ひこね
久左の辻
芹橋
佐和山
平和堂
湖東焼跡
地下道
市役所
切通口門
蓮華寺
中央町
銀座
道標
稲枝
後三条町
生活館
彦根警察署
大信寺
高宮口御門
清凉寺
龍潭寺
絹屋
市民会館
願通寺・法蔵寺
プラザホテル
宗安寺
夢京橋キャッスルロード
江國寺
明性寺
彦根城
芹川
松原
彦根港
船町
松原水泳場
ここで鳥人間コンテストが毎年行われている
彦根東高
京橋
本町
表門橋
彦根城
西中
御蔵橋
びわ湖
① 市民会館
② 埋木舎
③ 多聞櫓
④ 彦根城博物館
⑤ 井伊大老像
⑥ 玄宮園
⑦ 八景亭
⑧ 市立図書館

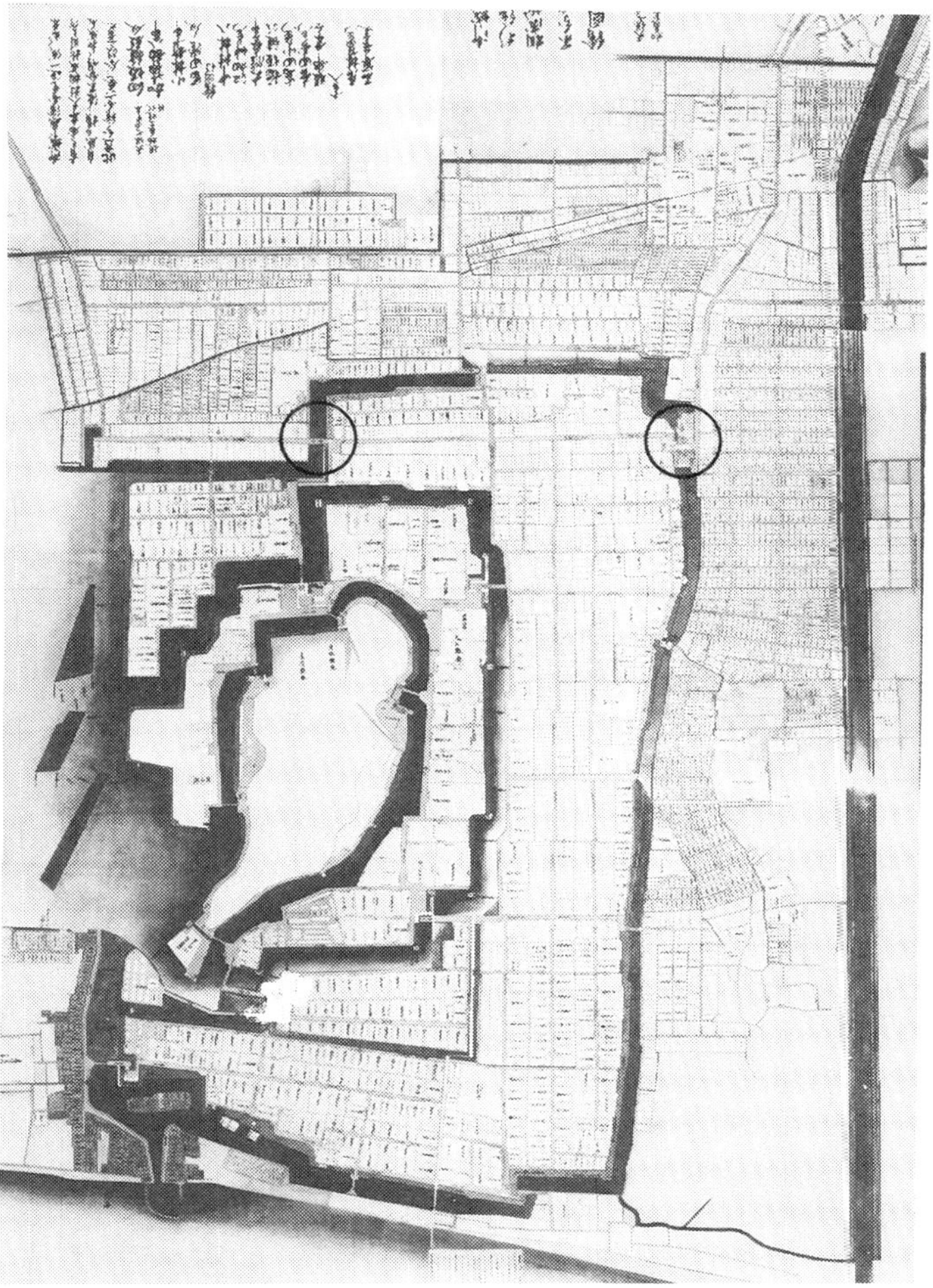

彦根御城下総絵図。図の右手が芹川。高宮口、切通し口とも旧外濠に橋が架けられているのがわかる。左上方へのびる道が佐和山へと続く。

（彦根城博物館蔵）

る。枯山水の庭園があり、井伊直弼もここで生まれた。

彦根城博物館は彦根城表御殿跡に建てられた彦根市立の博物館で、旧藩主井伊家伝来の美術品・古文書などを収蔵・展示している。

秋には「城まつり」がありいろいろな催しがあるが、城下町を周回する自転車レース（クリテリウム）はすごい迫力がある。また鳥人間コンテストが毎年夏に松原水泳場で開催される。全国から集まった鳥人間が空へ舞い競う。

立花町、佐和町、元町と城下町を通り、船町へと道は続く。

赤門と黒門

彦根での通信使の宿は宗安寺《そうあんじ》であった。

玄宮園から彦根城を眺める

宗安寺は「赤門」と呼ばれ、佐和山城の大手門を移したという朱塗りの山門が見事である。井伊直政が旧領の上州箕輪《みのわ》の安国寺を佐和山麓に移築し宗安寺と改称したが、彦根城築城にともない現在地に移された。

通信使の宿――彦根宗安寺

最近、宗安寺で「宝暦十三未年　朝鮮人御馳走御用御入用積作事方萬仕様帳」と題された冊子が見つかった。

宗安寺の竹内眞道氏（仏教大講師）の話によると、苦心の末解読された結果、通信使彦根宿泊の模様が、丁寧に細かく記録されてあったという。

この冊子によると、通信使の三使・高官が、この宗安寺で宿をとったということだ。

ところで、ここでの接待とは一体、どのようなものであったのだろうか。

古文書によると一行は、藩をはじめ城下町を挙げて手厚くもてなされ、大名以上の扱いを受けたそうだ。

しかし、この豪華な応対の反面、藩は準備や費用にかなりの負担を被らねばならず、その波紋は領民の課税として表れ、農民生活に大きく影響を与えたのだそうだ。

その上、僧や町人は寺や家を使節に提供せねばならず、接待する側の苦労がうかがえる。

宗安寺黒門

韓国併合以来の対朝感情が宗安寺でも様々な逸話として残されている。

中でも、大きな誤解のまま伝わってきている、黒門と呼ばれる小門については宗安寺の寺史簿（大正十五年）をみると、「朝鮮人を表門から出入りさせるのは権威に関わるので、小門を建てて出入りさせた」という内容が記されてある。

しかし実は、使節のための食料の肉を寺に運び入れるために、勝手口として特別にたてられたものであるという説が、かなり有力だとされている。

この違いは明治以降の朝鮮属国意識によって、過去における日朝間の対等な関係が、庶民の間で歪められた形として表れている。

政治問題の波紋が、庶民の間にも切実に表れていることがよく分かる。

（彦根東高校新聞二二八号）

この宗安寺の冊子は、一七四八年（寛延元）に来日した通信使一行の彦根での宿泊に際してなされた宿の修復や準備の仕方等を記したものである。一七六四年（宝暦十四）は通信使が来た年であるので、その前年に参考のため書き記したのであろう。

これによると、主な官人役人の宿は次の様になっている。

三使旅館　宗安寺
中官宿　大信寺
下官宿　明性寺
官人荷物宿　蓮華寺
長老宿　江国寺
長老宿　下宿　善照寺・松原庄右衛門
通詞下知役宿　上魚屋町八右衛門・同町久左衛門
通詞宿　願通寺・法蔵寺・理応院・白壁町源右衛門・同町伝次・紺屋町伝介・元川町弥次兵衛・上魚屋町九兵衛・職人町伝兵衛・下魚屋町角田半四郎・本町磯部三郎兵衛
対馬守本陣　林吉兵衛

さらに、町方惣下宿数一二六軒、対馬藩一行の仮馬屋五一個所・馬の数六四頭、代官と手代の宿八軒、与力宿二軒、使者宿四軒とある。宗安寺を中心にその近辺の寺院や町人屋敷に、通信使一行および同行の対馬藩一行らが分宿した。主に中堀と外堀の間に宿泊した。

（仏教大学仏教文化研究所　年報第五号　竹内真道「仕様帳について」）

黒門は表門（通称赤門）から塀に沿って南へ十メートルの所にある。以前は説明札に唐人門という名称で通信使一行をここから通したと書かれていた。通信使の接待は大名以上といわれ、このような小さな門から通すわけはないし、国書は輿《こし》に乗せて運ばれるがひっかかってしまう。これは通信使を「朝貢使」とする考えからなされたものだろう。現在は「ご馳走の肉類を運ぶために特別にこの門を作った」という説明札が立てられている。

宗安寺には、通信使に関するものとしては他に李朝高官

伝朝鮮高官像（宗安寺蔵）

の肖像画がある。以前は朝鮮王像といわれていたが、衣服の紋様などから国王でなく通信使正使クラスの高官像であろうといわれている。（松田甲『続日鮮史話』、李進熙『李朝の通信使』）

なお、一九九五年に高麗美術研究所の金巴望氏は「胸につけた胸背の鳥は鶴ではなく鷺《さぎ》で中国・明の高官像ではないか」と指摘し、肖像画について新たな見解が出されている。

宗安寺のある京橋通りは、現在「夢京橋キャッスルロード」として江戸時代の町屋風に統一された家並みが再生されている。

「朝鮮人街道」はこの通りの東を走っているので宗安寺などへは「朝鮮人街道」からどの道を通って行ったか知りたいところである。

夢京橋キャッスルロード

『彦根市史　上冊』に「公儀御分間御役人御見分朝鮮人案内」をまとめたものが載っている。通信使が来たときに彦根のどのあたりを使用したかがわかるが、それから宗安寺への「道順」を推測するのは難しい。本町通りを西に進み京橋通りを宿舎である宗安寺に向ったか、堀端を通ったかなど考えられるが確定できない。

絶通――佐和山を越える

船町で街道は右折する。この曲がり角は松原内湖につながる船着き場があったところ。船町は古い町並みが残っている。右手に絹屋の屋号を残す家がある。江戸時代後期に湖東焼を創始した絹屋半兵衛の屋敷である。

しばらく行くとJRに突き当たる。以前は踏み切りを渡れたが、今は閉鎖されていて渡れない。車は陸橋を越え、人や自転車のためには地下道が作られている。

彦根から中山道の鳥居本へは佐和山を越えなければならない。

佐和山には佐和山城があった。佐和山に初めて砦が築かれたのは鎌倉時代初期で、佐々木時綱といわれている。一五九五年（文禄四）石田三成が城主となるが、関ヶ原の合戦の後井伊直政が入城し一六〇三年（慶長八）彦根城築城とともに廃城となった。

佐和山の麓には井伊家歴代の菩提寺である清涼寺《せいりょうじ》がある。その左にあるのが龍潭寺《りょうたんじ》。井伊家発祥の地遠州井伊谷《いいのや》の菩提寺を移したもので、芭蕉の高弟森川許六のふすま絵は有名である。

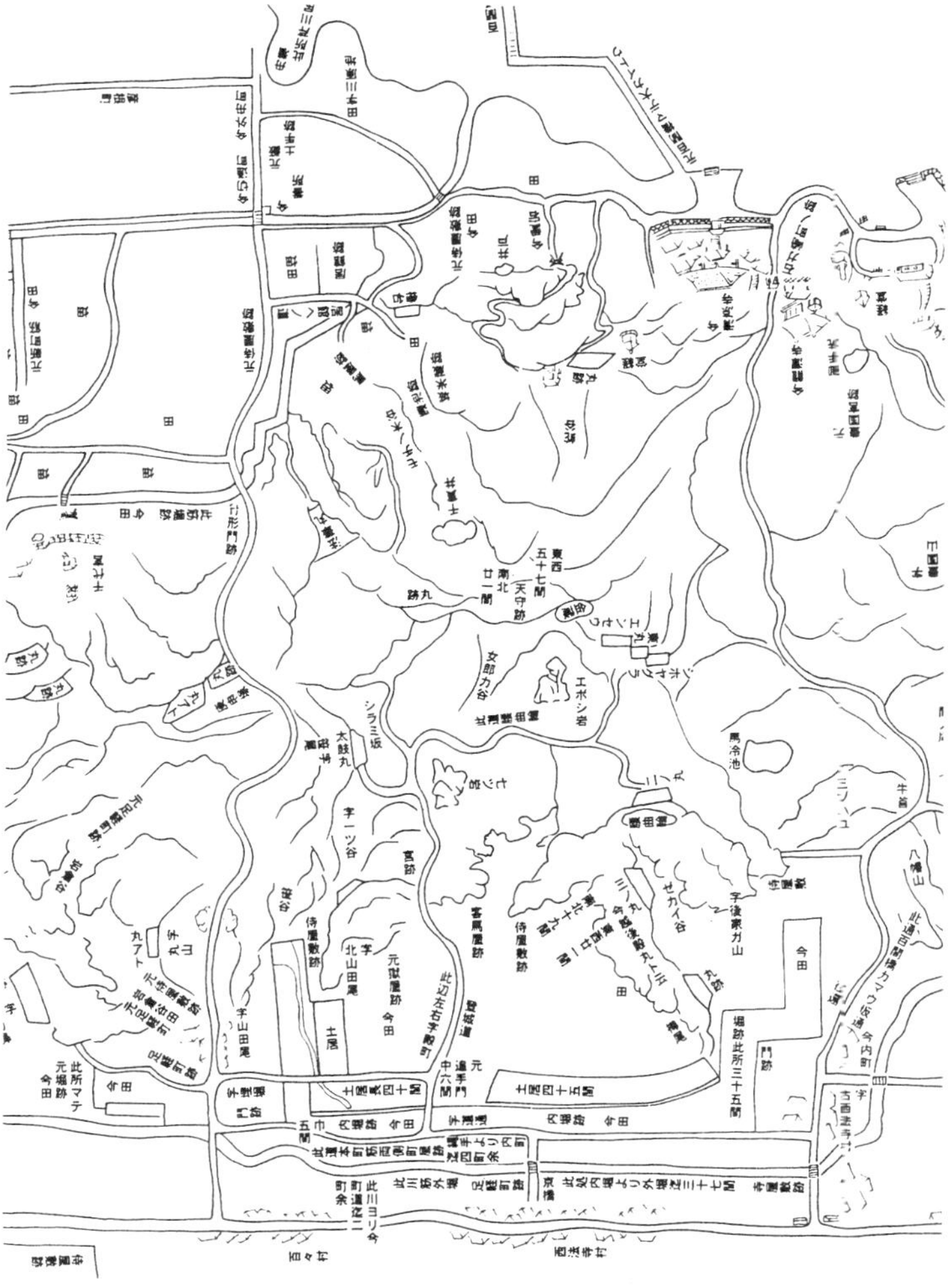

佐和山城絵図模式図（部分）
（彦根城博物館研究紀要第６号　谷口徹「佐和山の絵図」より）

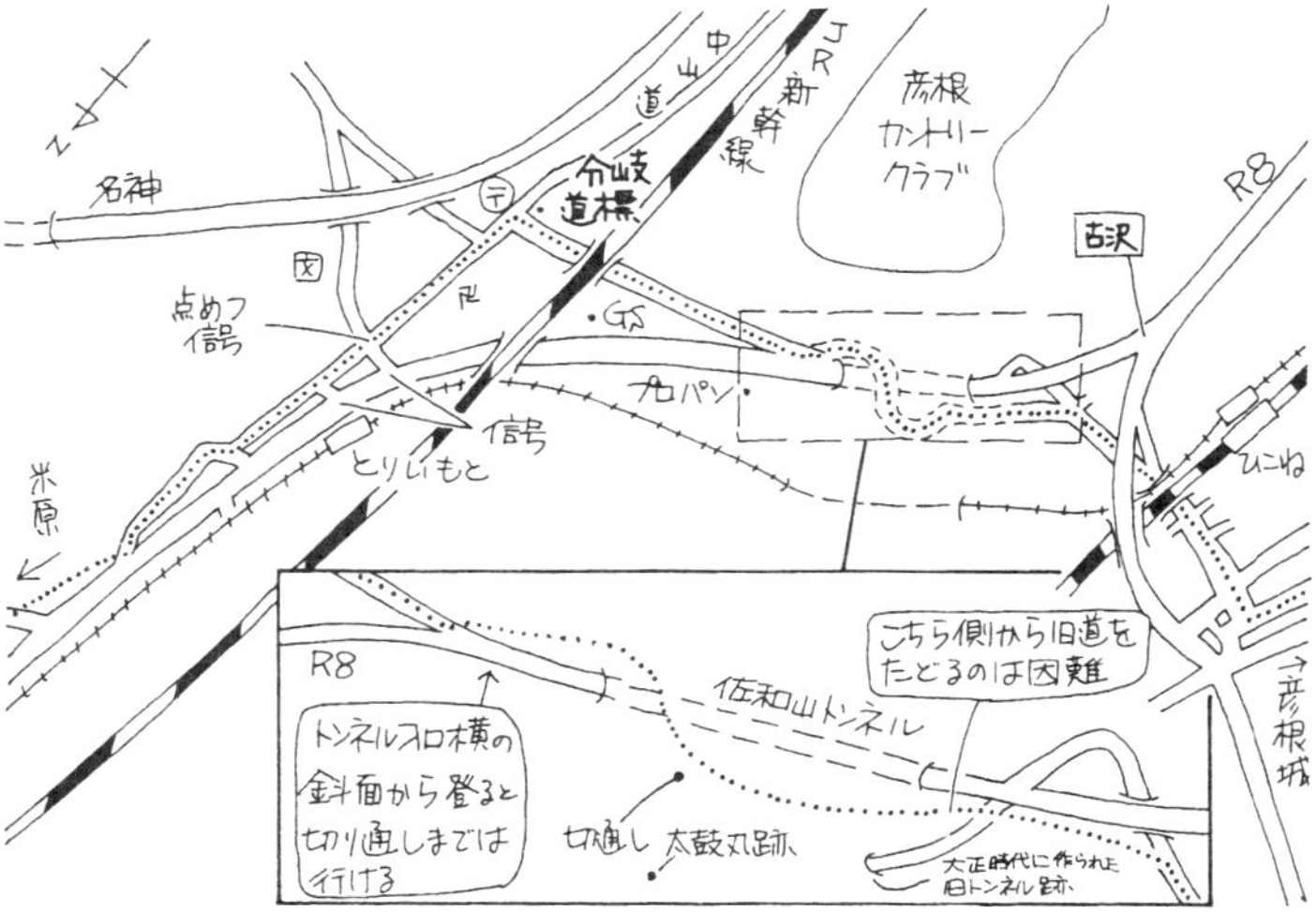

船町の町並。角の家が絹屋。

彦根から鳥居本へは「切り通し」を通る。今は廃道になっている。国道八号線のトンネルの上に旧道のトンネルがあり、取材班も足を踏み入れてみたが、朝鮮人街道はさらにその上を通っていた。

（彦根東高校新聞一二二八号）

「朝鮮人街道」と中山道の分岐点

最初の取材時には「切り通し」の場所がわからず、佐和山を越えることを断念した。仕方ないので国道八号線に出て佐和山トンネルを通る。出てすぐを右の道に入ればあとは鳥居本に通じる。郵便局のところで中山道と合流する。ここが「朝鮮人街道」の北の分岐点で「右彦根道　左中山道」の道標がある。この彦根道は彦根藩主井伊直孝（一六一五〜五九就任）が城下町繁栄の方策として城下と中山道を結ぶため鳥居本方面への道を建設したものである。

「佐和山のみち」は未踏破のまま残っていたので、九十一年の二月七日と九日にこの最後の難所に挑むことになった。山登りをする羽目になった記事を引用する。

2/7 骨折りぞんの

不安とすこしばかりの期待を抱きながら佐和山に入山する。〝切通し〟を行けばよいという言葉だけを手掛かりに、無計画にゆく。案内人はいない。

我々はまず、昨年の夏同様旧トンネルに歩み寄った。しかし、取材（探険）は困難を極めた。「言うは易し、行うは難し」とはこのことを言うのだろう。第一、道でない所を枯枝をかきわけながら強引に進むのである。足が土にめり込む。道を探していると、道でない所もなぜか道に見えてくるから不思議である。そんな中、美しくそびえたつ彦根城、空に照り映える夕日、そして眼下に広がる彦根の町並を臨み、疲れをいやした。

結局、我々は朝鮮人街道であるはずのないハイキングコースを通って下山したのであった。

（彦根東高校新聞二三一号）

やはり知った人に聞くべきだということで、古沢町（松縄手）に行く。道でどぶ掃除をされていた方々にきいたところ、『佐和山ーふるさとガイドブック』を見せられた。あっと言う間に手掛かりがつかめ、その足で著者の本田太郎さん（本校ＯＢ）に会う。九日の土曜日に取材同行をお願いした。前年の夏、もう一押しすればよかったのにと悔やまれた。

本田さんの案内で切り通しに向かう。左手の道は国道８号線

2／9　ついに踏破

約束の一時、本田さんはすでに玄関前で私達の到着を待っておられた。長靴姿で手には鎌を持っておられる。「これからハイキングに行くのか」「いや、探険やろう」こんな会話を交わしながら急な階段を昇り、国道八号線に出た。

スタートからして私達の当初の予想とは大きく違っていた。まず国道沿いに登るのであった。道の面影はそれとなく残ってはいるが、土砂が削られていたり深い溝ができていたりして昔の姿は消えつつある。五・六年前の洪水が原因であるらしい。

ひたすら登る。時折後ろを振り返ると下の工場はもうすっかり小さく見える。奥には今我々が歩いているのとは対照的な国道が走っている。

枯枝と茨が我々の行く手を妨げる。それに本田さんのペースも速く、ついていくのに精一杯だ。こうして、道とは思えないうっそうとした茂みの中を分け入って、ようやく道らしい道にきた。さらに進むと漸く〝切通し〟に到着した。文字通り垂直に切り立った岩壁、関ケ原の戦いで家康が攻撃を断念し和解を申し込んだといわれ、当時の面影を今に残している。そして岩のむこう側には太鼓丸がある。

この辺りには杉の木が植えられている。地元鳥居本地中学が手入れしているそうだ。また、ワラビなどの山菜を採りに来る人もいるそうだ。

結局山登りは三十分で終わった。でも我々には一時間ぐらいに思えた。帰りは佐和山トンネルを十分程歩いて出てきた。

これで我々が夏から続けてきた街道探訪に一応終止符を打ちたい。佐和山付近の道をかきかえることにより、十月号の街道地図は一層

切り通しを越えトンネルの上方から眺める。右が「朝鮮人街道」。左が国道８号線

正確なものになった。

（彦根東高校新聞二三二一号）

その後「佐和山のみち」についてはいろいろ調べてみた。現在は一九五七年（昭和三十二）に佐和山トンネルが完成し、国道八号線であっと言う間に通れるが、当時は大変な難所であった。通信使が書いた『海游録』には「絶通」と表現されている。今は茨の道となり通行が極めて困難である。部員達が歩いた道は「朝鮮人街道」にほぼ近いが、廃道になっているところもある。一九二〇年（大正九）には旧トンネルが開通したが、ここも今は閉鎖されていて通れない。「佐和山のみち」は「能登川駅前のみち」とともに、調査に時間をかけた道でもあった。

6、中山道鳥居本から柏原まで

合羽と赤玉

佐和山を越え鳥居本で中山道と再び合流する。

鳥居本宿は合羽《かっぱ》の名産地。和紙に柿の渋で防水をした雨具は旅人の必需品であった。大田南畝は「此駅にまた雨つつみの合羽ひさぐ家多し、油紙にて合羽をたたみたる形つくりて、合羽所と書しあり。江戸にて合羽屋といへるものの看板の形なり」と書いている。岩根家では「本家合羽所木綿屋嘉右衛門」と記されたレトロな看板が軒先につり下げてある。

さらに北に行くと道は大きく右に曲がる。その角に立つ旧家がもう一つの名物赤玉神教丸を売る店である。「彦根の伝統産業」を調べたときの記事を引用しよう。

十返舎一九も知る赤玉

「赤玉神教丸」は彦根市鳥居本町の株式会社有川製薬で製造されている直径五ミリくらいの赤い胃薬である。延命長寿で有名な多賀大社の僧が〝お多賀さま〟

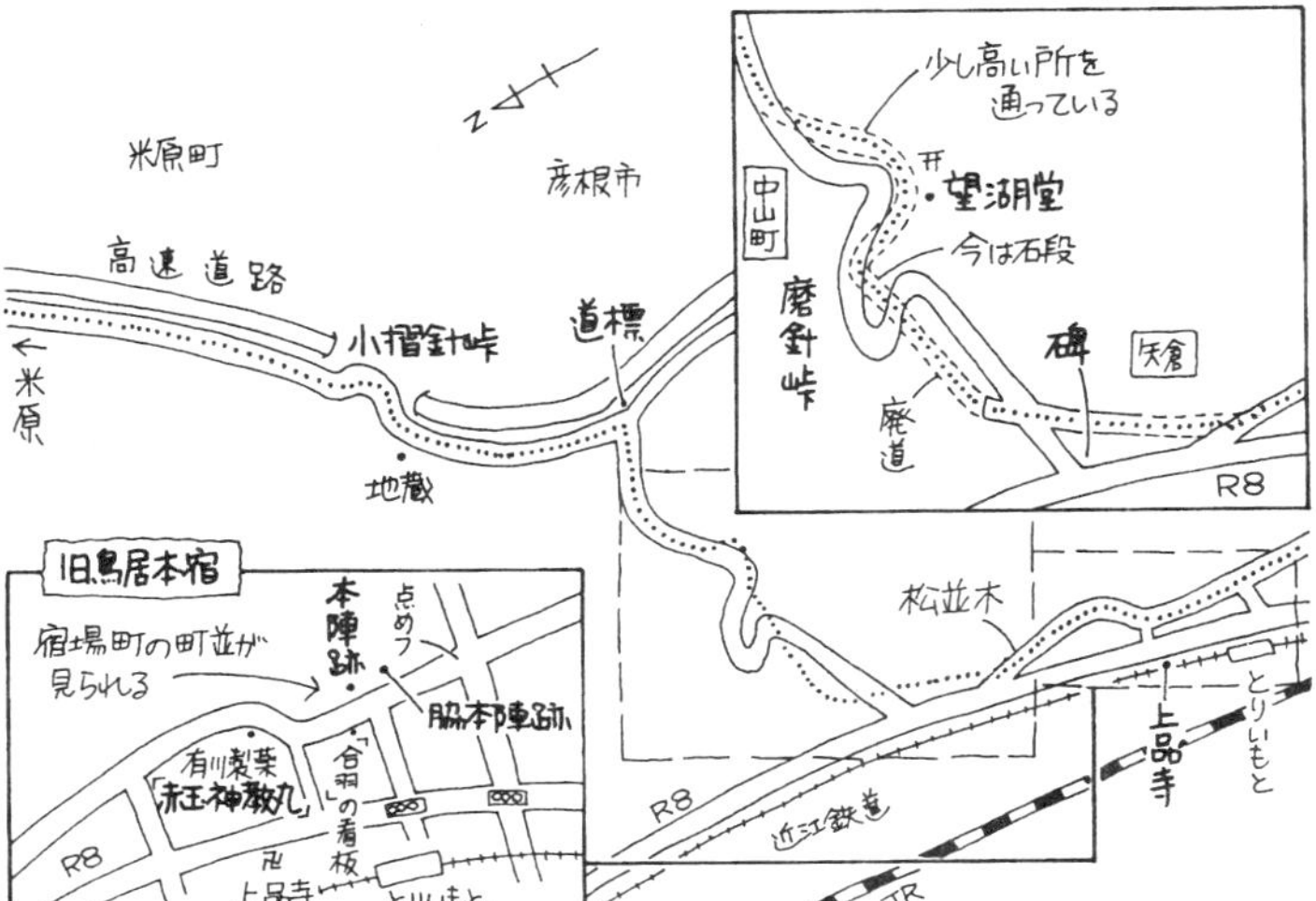

神符を配布するときにその薬を置いていったことから神教丸といわれる。
歴史は古く、創製は一六五八年にさかのぼる。江戸時代に中山道・東海道を往来した旅人に重宝された。化政文化に登場する十返舎一九も『木曾街道膝栗毛』に

「くれないの花にいみじくおく露も薬にならい赤玉という」

「もろもろの病の毒を消すとかやこの赤玉も珊瑚朱の色」

と詠んでいる。（中略）

有川製薬の南に豪壮な八つ棟造りの民家が目につく。これが本舗有川さんの家である。今から二百年前に建てられたという。奥さんは「瓦が一つ傷んだにしても材料がなくて修理に大変で…」と語られる。歴史があるだけにそれを維持していくのは大変なようだ。

（彦根東高校新聞第二五八号）

赤玉神教丸店先（『近江名所図会』より）

神教丸本舗の横の路地を抜けると、八号線沿いに上品寺《じょうぼんじ》がある。歌舞伎「隅田川続俤《すみだがわごにちのおもかげ》」で有名な法界坊了海の寺で、寺の再建のため江戸で托鉢をしていた法界坊は吉原の遊女花里・花扇らの寄進により釣鐘を完成した。釣鐘には寄進者の名が刻まれている。

中山道一のながめ

鳥居本宿の東のはずれに松並木が残っている。その先で中山道は国道八号線に合流する。国道には「旧中山道　磨針峠望湖堂《すりはりとうげぼうこどう》」の碑が建っている。これは昭和五十二年に建てられた。もとはその右側、村の中の道で北国街道と分岐していた。矢倉橋を渡ったところで右へ折れて磨針峠に向かう。旧道もあったが今は通れない。車でも行ける道になっているが、一九六一年（昭和三十六）名神高速道路をつくるときに資材を運ぶために作られた道であるという。

磨針明神の前も左側を掘り下げて広くしてある。もとの道は、今の道と磨針明神の間に残っている。

修行に疲れた青年僧がこの峠に来たとき、一人の老人が石で斧を磨いているのに出会った。尋ねてみると「この斧を針になるまでとぐのだ」といって姿を消した。その言葉に僧は自分の意志の弱さを恥じ、再び学業に励んだ。磨針峠の名はこのことに由来している。そしてこの僧は若き頃の弘法大師だといわれている。

鳥居本までやって来た部員達は望湖堂まで足を延ばした。

我々取材班は、磨針峠の望湖堂で朝鮮通信使が休息したと聞き、さっそく出かけてみた。非常に急な坂を登りきった所に、望湖堂は建っていた。ここは参勤交代や明治天皇の行列の休息所になるなど、たいへん由緒のある所である。景色が非常に素晴らしいために、訪れた人々は誰もが何か残したいと思うらしく、たくさんの詩歌が残されている。朝鮮通信使の人々も同じように思ったらしく、現在も「望湖堂」の額が飾ってある。

真っ青な湖の波の音、梢をわたる涼しげな風の音。我々取材班の一員であるT君も、「ここで勉強したら、はかどるやろうなあ」と漏らさずにはいられなかった。

（彦根東高校新聞二二八号）

琵琶湖を眺める景色は中山道随一といわれるだけあって誠に絶景。お茶をよばれて書画を見せてもらったりした。一七四八年に真狂《シンガン》が書いた「望湖堂」の扁額もしっかり見てきたが、一九九一年（平成三）の火事で焼けてしまい残念である。

真狂（金啓升）書「望湖堂」扁額

磨針峠を下り、民家を過ぎると三差路にでる。番場、磨針峠、鳥居本の三方向を示した道標が建てられていて、中山道は左へ行く。名神高速道路がすぐ右手に現れ、並行して進む。狭い道である。名神米原トンネルの上辺りが小磨針峠。

番場から醒井へ

西番場（元番場）・東番場と続くが、東番場に蓮華寺《れんげじ》がある。右手に入って行き名神をくぐる。

蓮華寺は、飛鳥時代に聖徳太子が創建し法隆寺と称していたが焼失した。その後土肥元頼が再興し蓮華寺とした。一三三三年、後醍醐天皇方に敗れた六波羅探題の北条仲時一行は鎌倉目指して逃げてきたが、佐々木道誉に行く手を阻まれ、

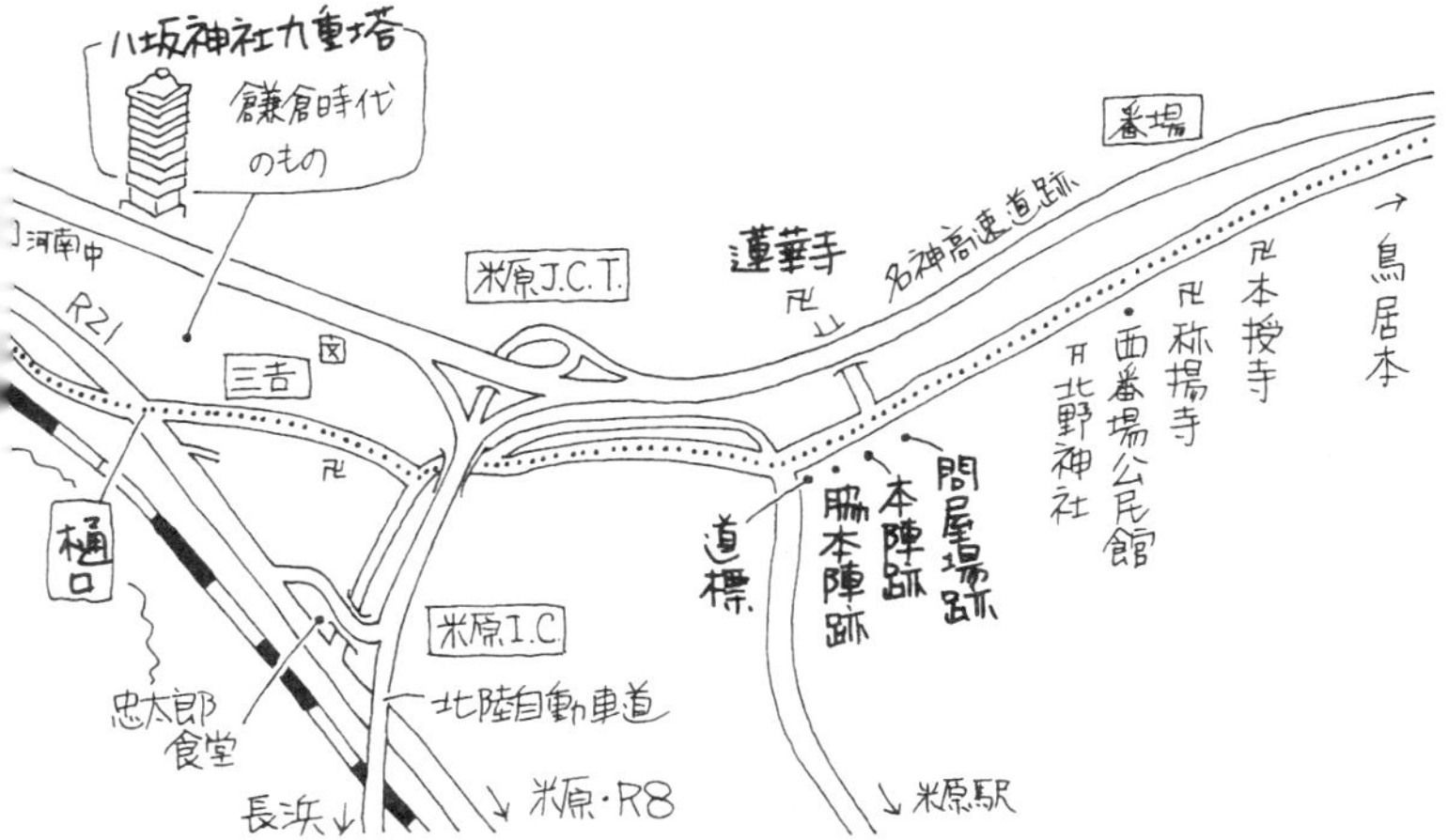

本堂前庭で自害した。本堂右手を少し入ったところに仲時以下四三二名の墓がある。

　番場を有名にしたのは、生き別れの母を慕いて尋ね歩く番場の忠太郎。長谷川伸の『瞼《まぶた》の母』の主人公で、出身地は番場となっている。「親をたづねる子には親を、子をたづねる親には子をめぐりあはせ給え」と彫られた〝忠太郎地蔵〟が本堂の裏手に建っている。

「松かぜのおと聞くときはいにしへの聖のごとくわれは寂しむ」という斎藤茂吉の歌碑もある。

　番場宿の東の入り口に「米原汽車汽船道」と書かれた道標が建っている。指の絵文字入りで明治時代東海道本線の開通に伴い建てられた。一六〇三年米原湊を開いた北村源十郎は彦根藩の許可を得て

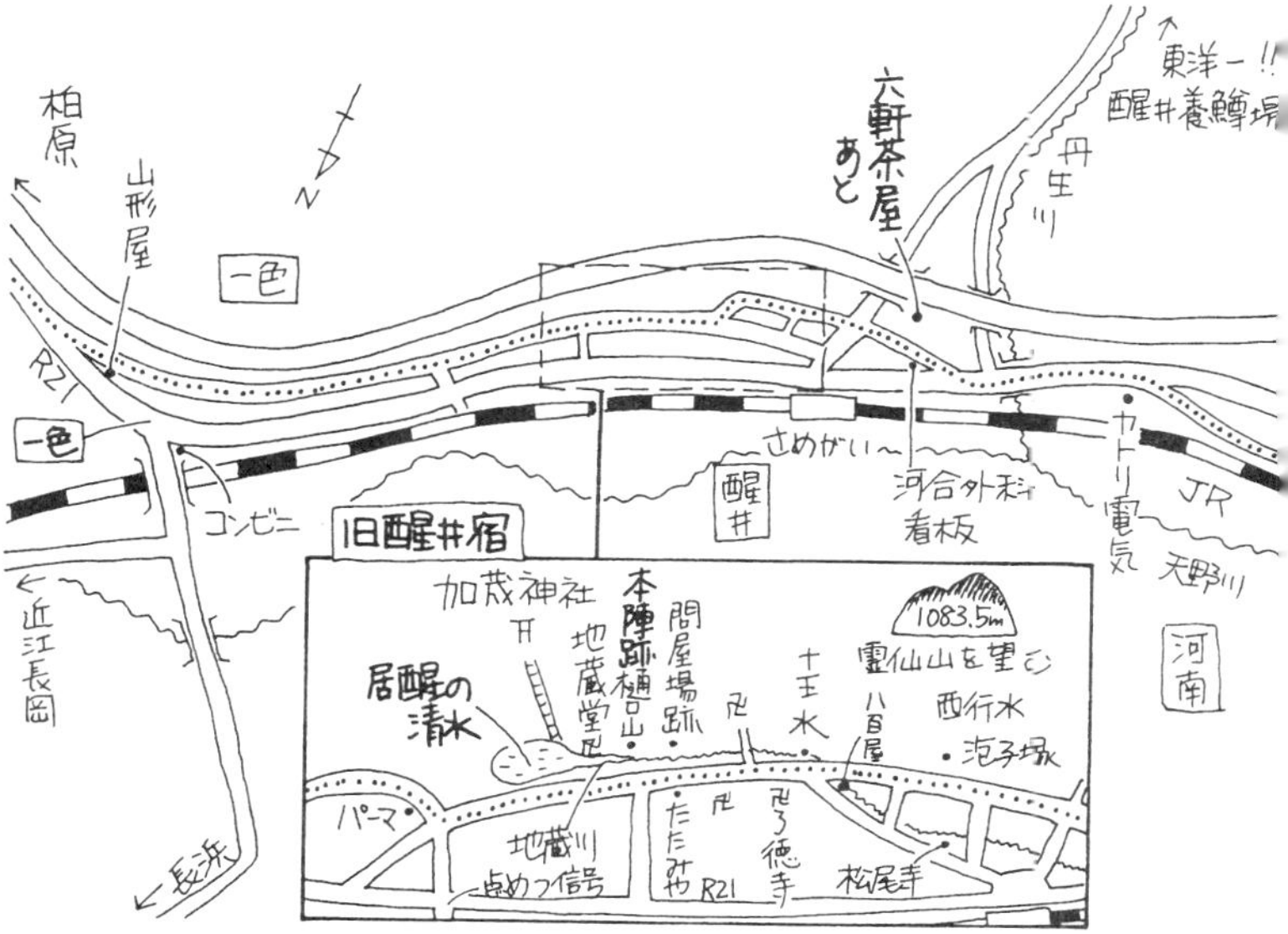

米原から番場へ抜ける米原道を切り開いた。中山道の荷物は急な磨針峠を避けて運ばれるようになった。それにともない番場宿は西番場から東番場へ移された。

北陸自動車道をくぐり、家並みが続く。樋口で国道二十一号線を越え、河南にはいる。そのはずれで国道二十一号と合流し、丹生川を渡り、右へ分岐する。

醒井は古くから清水で有名なところ。今も加茂神社の石垣下から清水が湧き出ている。道に沿って流れる地蔵川には、湧水を好むハリヨと梅花藻《ばいかも》が生息している。水は冷たく、旅人ののどをうるおし、心をなごませてきたことだろう。桜の咲く頃は散歩するのに最適である。

醒井の清水

日本武尊《やまとたけるのみこと》にまつわる居醒《いさめ》の清水、十王水、西行水などがある。

醒井駅から南へ四キロ、醒井峡谷をさかのぼった山あいに醒井養鱒場がある。一八七八年（明治十一）に開設されたわが国最古の養鱒場。養鱒場に入る手前の集落が上丹生で、木彫りの里として有名である。

醒井宿のはずれの急な坂を上ると一色。再び国道二十一号と合流する。

伊吹もぐさ

国道をしばらく行って、喫茶「樹里」の手前で左に入る。左に梓川が流れている。やがて梓川を渡る。川には中山道・国道二十一号・名神高速道路の三つの橋が並んでいる。

左手に旧道があったが通行止めになっている。これが小川《こかわ》（粉河）坂である。中世の関所跡と言われている。

左手の丸山西麓に北畠具行《ともゆき》の墓がある。具行は南北朝時代、後醍醐天皇を助けて北

亀屋佐京の伊吹堂

条氏打倒に参加したが捕らえられ処刑された。

　しばらく行くと「中山道柏原宿」と刻まれた石碑がありベンチももうけてある。ここから東が宿場であった。江戸時代になり柏原御殿（御茶屋御殿）という将軍の休息所が設置され家康・秀忠・家光が利用した。宿場の長さは近江国内の中山道では最も長い。

　柏原の名物は伊吹もぐさ。伊吹山のヨモギで作ったもぐさは質がよく、街道でも評判で十数件の店を連ねたという。寛政の頃（一七九〇年代）亀屋佐京家の松浦七兵衛は江戸吉原の遊女に「江州柏原伊吹山の麓の亀屋佐京の切りもぐさ」と歌わせ名を広めたという。

　柏原宿を抜けてしばらく行くとＪＲ

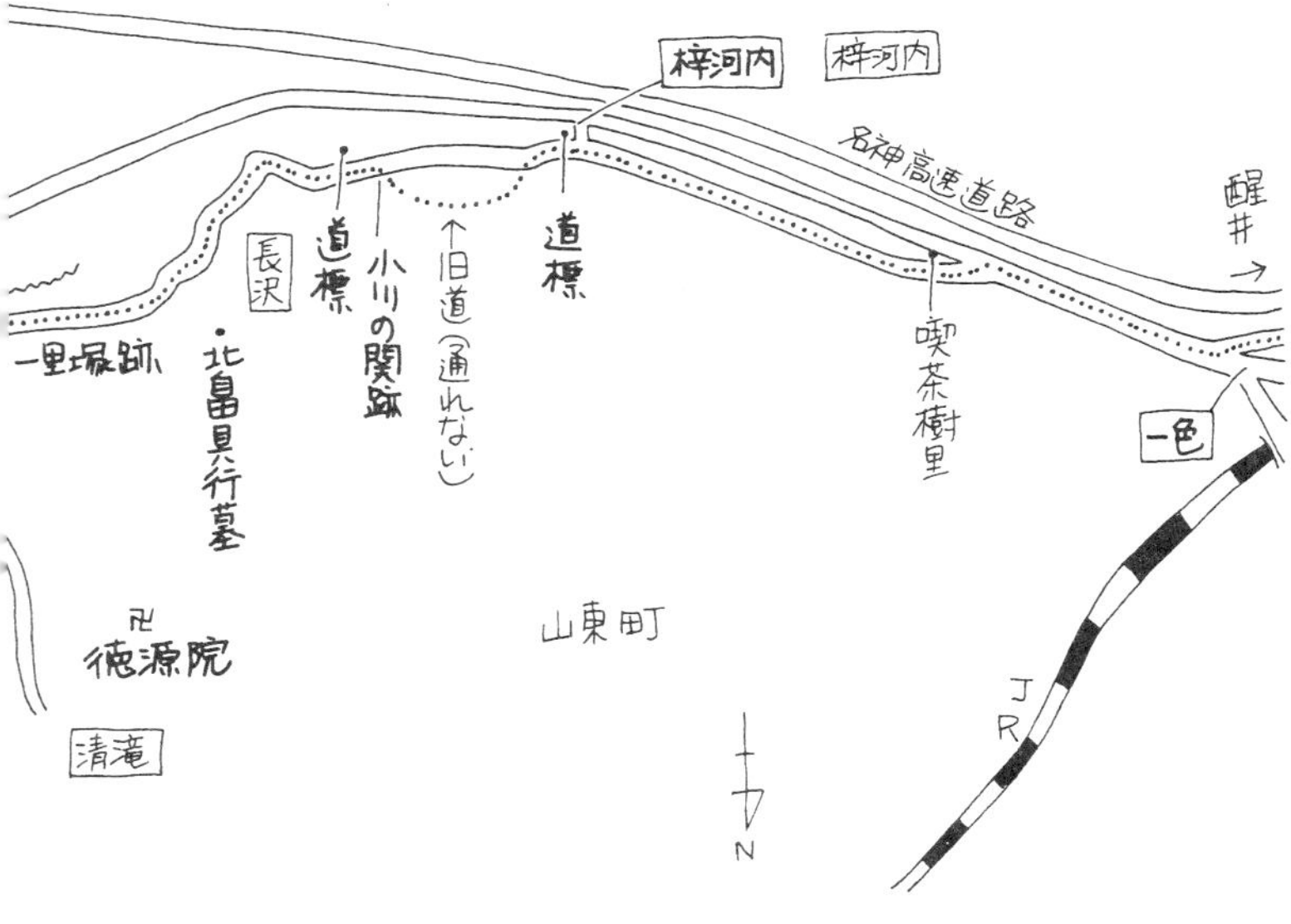

線の踏切を渡る。さらに東に進むと長久寺に入る。その家並みが終わると細い溝があるが、それが近江と美濃の境である。

壁越しに「寝ながら隣の国の人と話ができた」ことから、寝物語りの里と言われている。平治の乱後、源義朝を追ってきた常盤《ときわ》御前が夜更けに隣り宿の話し声から家来の江田行義と気付き奇遇を喜んだ所とも、源義経を追ってきた静御前が江田源造と巡り会った所とも伝えられている。

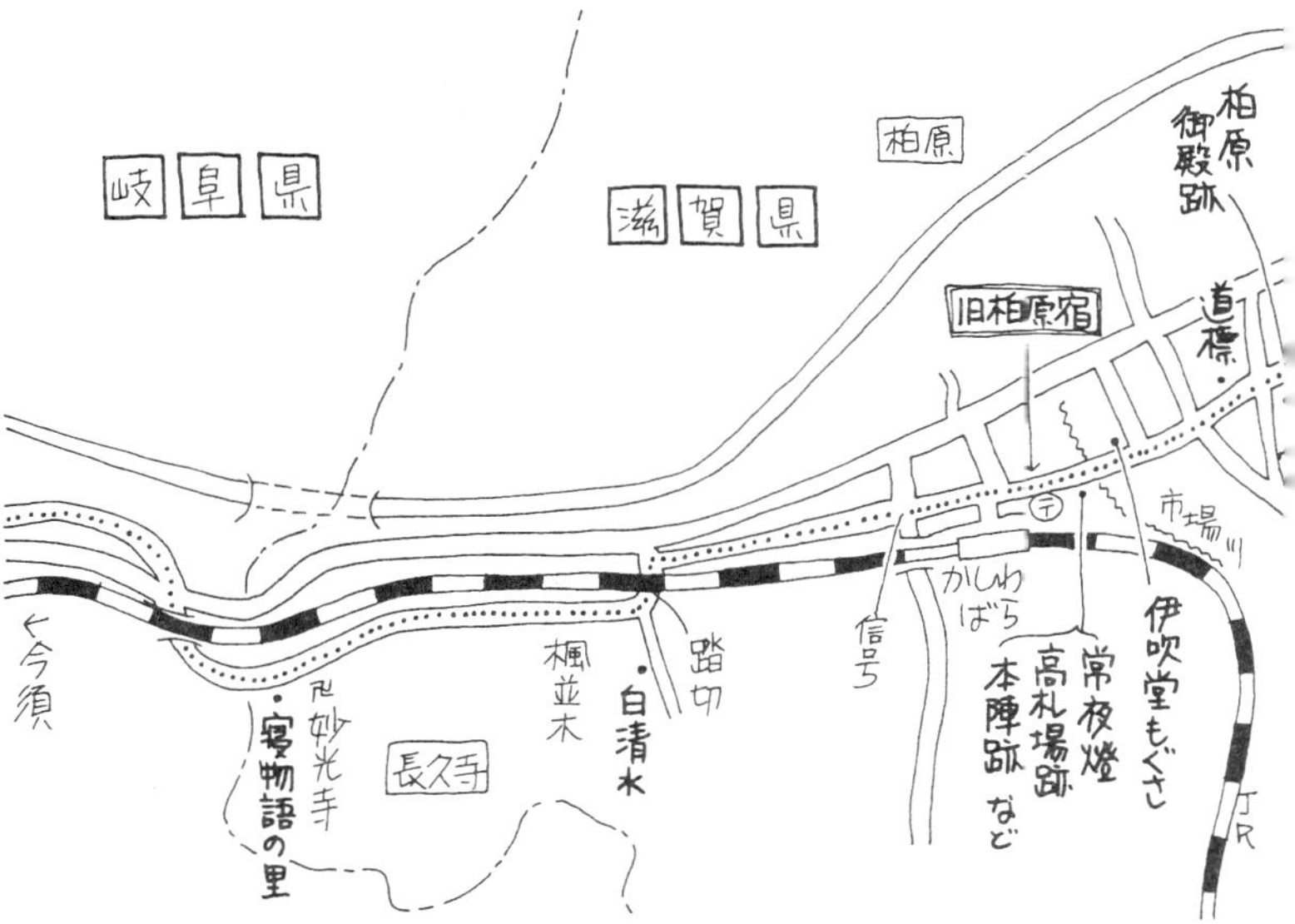

左手の溝が美濃との境

第3章

通信使の記録から見た近江

1、大津・本長寺

江戸時代、朝鮮通信使が十二回日本に来るがその内の十回が近江を通過している。その日程を通信使達の記録である『海行摠載』等から調べてみたものが別表である。基本的には京都を発ち、大津で昼食、守山で宿泊をする。次の日は八幡で昼食、彦根で宿泊。あくる日に彦根を発ち岐阜県の今須で昼を取った後、美濃路を進み大垣で宿泊した。

ここでは主に朝鮮側の資料『海行摠載』から近江の国と関わるところを探ってみる。

一六〇七年（慶長十二）の慶七松『海槎録』から大津の辺りを引用してみよう。

初六日戊辰、朝雨午晴、巳時雨を冒し倭京を離れ関東を指す。東に行くこと二十里、大津村有り。近江州に属す。又行くこと十余里大湖有り、近江と名づく。周囲八百余里、滄波浩渺、風帆点点。未だ津涯を見ず。湖に沿って行くこと五里ばかり、湖辺に巨村有り、村名を瀬々崎という。村の後ろ湖中に小島有り、石を築き城を設く、層楼粉堞、俯して一湖を圧す。行くこと五里ばかり、大津橋を渡り勢田村に中火す。

	大　津	守　山	八　幡	彦　根	将軍会見
1607（慶長12）往路 復路	閏４．６昼 ５．29昼	４．６泊 ５．28泊	４．７昼 ５．28昼	４．７泊 ５．27泊	５．６
1617（元和３）					８．26 （伏見）
1624（寛永元）往路 復路	11．25泊 １．10昼	11．26泊 １．９泊	11．27昼 １．９昼	11．27泊 １．８泊	12．19
1636（寛永13）往路 復路	11．20昼 １．16昼	11．20泊 １．15泊	11．21昼 １．15昼	11．21泊 １．14泊	12．13
1643（寛永20）往路 復路	６．20昼 ８．21昼	６．20泊 ８．20泊	６．21昼 ８．20昼	６．21泊 ８．19泊	７．18
1655（明暦元）往路 復路	９．16昼 11．16昼	９．16泊 11．15泊	９．17昼 11．15昼	９．17泊 11．14泊	10．８
1682（天和２）往路 復路	８．７昼 ９．26昼	８．7泊 ９．25泊	８．８昼 ９．25昼	８．８泊 ９．24泊	８．27
1711（正徳元）往路 復路	10．２昼 12．４昼	10．２泊 12．３泊	10．３昼 12．３昼	10．３泊 12．２泊	11．１
1719（享保４）往路 復路	９．12泊 10．29泊	９．13泊 10．28泊	９．14昼 10．28昼	９．14泊 10．27泊	10．１
1748（延享５）往路 復路	５．３泊 ６．27昼	５．４泊 ６．26泊	５．５昼 ６．26昼	５．５泊 ６．25泊	６．１
1764（宝暦14）往路 復路	１．29昼 ４．３昼	１．29泊 ４．２泊	１．30昼 ４．２昼	１．30泊 ４．１泊	２．27
1811（文化８）					５．22 （対馬）

朝鮮通信使近江の行程　　　　　注　1607年の大津は瀬田　往路八幡は伊庭

『海行摠載』による。ただし、1748年は『奉使日本時聞見録』『随槎日録』を参照した。

1624年、1636年の往路については日本側の資料である『通行一覧』によった。それは日本と朝鮮の暦において大の月と小の月の決め方に若干の差異があり、一日のずれが生じるから。なお、将軍会見日は『近江蒲生郡志　巻八』によった。

陰暦では時折閏月が有り、大津にやってきたのは閏四月六日である。倭京は京都、瀬々崎は膳所。膳所城が琵琶湖上に壮麗な姿を見せていたのだろう。中火とは昼食のことで、このときは大津で取らずに瀬田で取ったようだ。なお十里が日本の一里にあたる。

一六二四年には大津に泊まっているようだが場所は不明であるし、理由もはっきりしない。一六三六年、正使の任絖が書いた『丙子日本日記』には「到大津、晝點于本長寺」とあり、京阪京津線の上栄町駅の近くにある本長寺で昼食を取ったようである。本長寺は京都本国寺（一六三六年以降、京都での通信使の宿になっていた）との関係で使われたのだろう。

通信使の記録の中で一番有名なのが一七一九年における製述官申維翰《シンユハン》の『海游録』である。九ケ月にわたって記録した日本紀行文は、朝鮮人の目を通しての日本観察が、日記体で仔細に綴られており、朝鮮人の日本観ばかりでなく、朝鮮に対する日本人の関心の所在も見い出すことができ

琵琶湖図（部分）円山応震作。琵琶湖畔を進む朝鮮通信使が描かれている（滋賀県立琵琶湖文化館蔵）

る。『海游録』は一九七四年姜在彦《カンジェオン》氏により東洋文庫の一冊として訳が出され、通信使についての関心を大いに高めた。

十三日壬午。微雨。早朝に出発する。轎中に博山炉（香炉の名）と詩巻を置き、簾をへだてて秋雨を聴く。清趣いうばかりなし。行くこと六、七里にして、倭人が「琵琶湖です」と告げた。簾をあげて眺望すれば、爽朗濶大にして、涯岸も見えない。遙かなる山は流れを抱き、曲曲として湾をなし、遠近の漁艇は黄蘆、枯竹の間に出没し、落霞と飛鷲（鴨）が波とともに上下する。その周回は四百里、ほとんど洞庭湖と争駆す。吾いまだ岳陽楼（中国湖南省岳陽県城の西門の楼、杜甫に「登岳陽楼詩」がある）中からの眺望は知らないが、これと長短いずれにありや。

琵琶湖は、もともとその状が琵琶の如きゆえにこの名があり、また地が近江州に属するをもって、一名近江湖ともいう。湖岸に、白い壁と麗しい譙楼が聳えたっているのは、名を膳所城という。

『海游録』によると正使洪致中が瘧《おこり》にかかった等の理由で九月十二日、大津の本長寺に一泊している。復路も京都方広寺大仏殿に立ち寄るか否かをめぐって紛糾し十月二十九日は大津に泊まり翌十一月一日（十月は小の月）に京都に向けて出発する。

2、守山・東門院

守山では東門院守山寺に宿泊する。慶七松『海槎録』（一六〇七）には「到森山村。寓於小寺」としか書かれていないが、姜弘重『東槎録』（一六二四）には観音寺の名が見える。『朝鮮人道見取絵図』には守山寺観音寺と記されているから、東門院を指すと思われる。

守山もまた近江州の地である。板倉近江守源重治が、支待官としてやって来た。重治は年十七、容姿姣々として婦女の如く、鳥羽城を治め、食俸は五万石という。使館は東林院といい、屏障また鮮か。この日行くこと五十里。（申維翰『海游録』）

東林院は東門院の誤りである。
また元首相の宇野宗佑家には次のような漢詩が残っている。

日本国贈宇親宗
我行万里客　忽到此城中
遇逢君顔美　自然愁心多
億君救一書　素無善才華
一夜末同抱　不思夢中覚
戊辰六月二十五日
朝鮮国達城人　徐慶元

これは一七四八年に宇野春敷に当てたものである。（宇野宗佑『中仙道守山宿』）

3、八幡・金台寺

一行は八幡で昼食をとるのが常であったが、一六八二年の金指南『東槎日録』に「八幡山金台寺中火」とあるので八幡別院金台寺が休憩所であることがわかる。この寺は、将軍家康が宿泊した名刹である。ただ一六三六年の記録には香祥寺または香常寺ともあり不明である。

寺には一七一一年の従事官李邦彦の書が保存されている。

金台寺裏客重来　竹塢荷塘乱雪堆
殊域屢看時物変　此行何事尚遅回
　辛卯臘月上浣　東韓帰客題

（十月）三日、晴。八幡山金台寺、池沼竹石の勝名状すべからず、杜鵑躑躅方《まさ》に開く、天時の暖を占うべき也
（任守幹『東槎録』一七一一年）

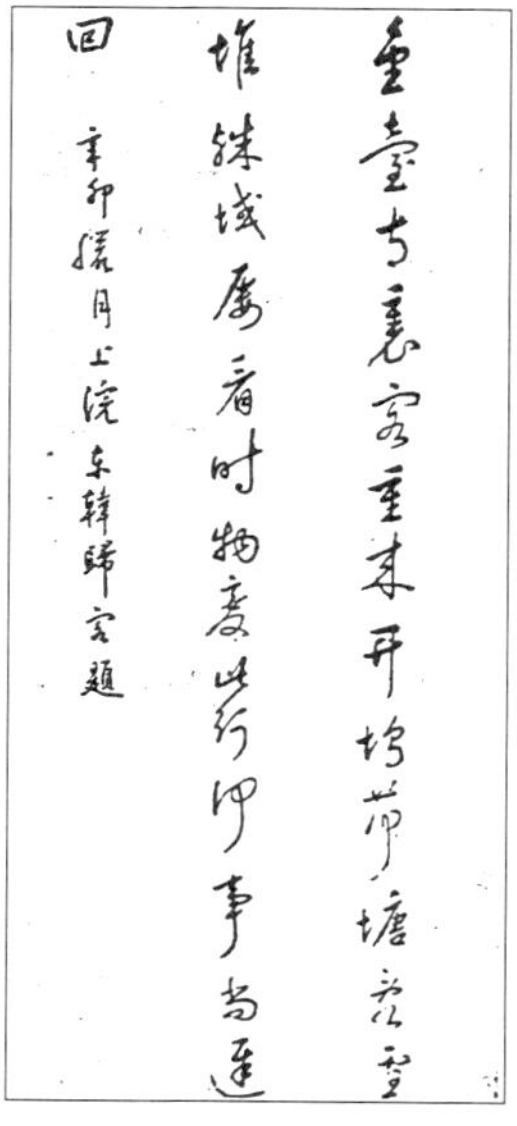

李邦彦の書（金台寺蔵）

（九月）十四日癸未。晴。夜明け方に出発して、午の刻に八幡山にいたり、専修寺に館す。寺ははなはだ宏大にして、前には方池あり、怪石や嘉卉を蓄えている。杜鵑《さつき》花や躑躅《つつじ》花がその間あいだに紅色の花を開いている。秋の暮というのに、これは奇異なことだ

（申維翰『海游録』一七一九年）

『海游録』にある専修寺は金台寺の誤りである。

八幡を過ぎて安土へ向かう。慶七松『海槎録』（一六〇七年）から引用してみよう。

北は太湖を環《めぐ》り、前は曠野に臨む。山上の城基、山を包絡し、下は水を引きて湖と為す。是前の関白平の信長、

八幡別院金台寺

設都の処なり。秀吉簒奪の後に及びて、盡《ことごと》く其の居民を大坂に徙《うつ》す。只だ旧基の頽落し宿草の荒涼たる有るのみ。城の西麓、樹林叢蔚の中に一刹有り。丹壁輝き映ず。信長を此に葬る。為に此の寺を創すと云ふ。又行くこと十里、射場村に中火す。八幡代官徳長法印、来たりて支供を管す

（堤須賀彦氏訳）

一五八二年（天正十）本能寺の変が起こり、安土城は炎上するが、その二十五年後の情景である。信長を祀った寺は摠見寺である。

「中火於射場村」とあり、能登川の伊庭で昼食をとっている。『近江輿地志略』には「御殿跡は伊庭村にあり、昔徳川家康及び秀忠上洛の為にこの地に旅館を作らせられた。その後、御殿を引かれ、今はその跡のみが残っている」とある。一六三四年（寛永十一）に小堀遠州が三代将軍家光の上洛の時に専用の宿として御茶屋を建てたが、一六〇七年当時にどのような建物があったかは分かっていない。しかし、その「旅館」または近くの寺で通信使一行が昼食をとったのではないだろうか。

これは江戸時代第一回の通信使が来たときのことで、その回の復路も含め第二回以後は八幡で昼食をとってる。伊庭では準備が整わなかったので、大きな邑《むら》である八幡で昼食をとることになったのではないか。

4、彦根・宗安寺

一行は彦根に着く。『海游録』から引用してみよう。

夕暮に佐和城にいたる。使館は宗安寺。寺の後ろには彦根山があり、ゆえに佐和城を一名彦根城と呼び、または沢山城と号する。土地は豊饒にして、室廬、人民、貨肆、游観の侈がはなはだ盛んである。山によって城を築き、姫垣は峨々として林の上に出る。水を引いて濠としているが、深くかつ広いので越えがたい。濠の周りに並ぶ町屋は、その綺麗なることあたかも画中の景の如くである。

使館の屏帳はもっとも華艶にして、盥匜《たらい》（洗面器）は黄金をもって塗り、飯箸は白銀をもって装い、中下官にいたるまですべて熟供がある。余の館するところもまた鮮浄であった。

彦根藩井伊家の通信使一行に対する歓待ぶりは有名であった。申維翰も大いに気に入ったのであろう。

一六三六年の正使・任絖（白麓）は井伊家の接待に対して次のような詩をおくっている。

江州彦根城に於いて盃盤に書す
肴核、盤に盈ち、総て是れ珍なり
一壷の春酒、潑醅新たなり
酔い来たり、忘却す、帰程遠きを
厚意は何に由りてか、主人に謝せん
（辛基秀『朝鮮通信使往来』）

姜弘重『海槎録』（一六二四年）には、秀吉の朝鮮侵略で捕虜になった二人の朝鮮人の女性が宗安寺にやってくる話がある。

「自ら両班の娘と名乗り、故郷の消息を聞く。しかし長い間母国語を使わなかったので話が通じない。ただ父母の安否を涙ながらに聞くのみである。故郷に帰りたいかどうかと聞いても、子供を指さすばかり。子供がいるため、帰るのが難しそう」

彦根城外濠（旧中濠）

また復路においても、捕虜になった女性三名が彦根より守山の宿にやってくる。「皆全羅道の人で、一人は両班の娘である。丁酉の年（一五九七年）八歳で連れてこられた。女の子を産み、今十四歳になっている」

一五九七年（慶長の役）から二十七年経っているから、もう三十五歳になっているのだろうか。彦根は大きな町であったので、かなりの数の捕虜が居たと推測できる。

まだ三回目のこの時は「刷還使」という名目で使節が送られているので、各地でこうした情景が見られたのであろう。「強制連行」とだぶってくる。

第一回通信使の慶七松『海槎録』には安国寺で泊まることが書かれている。宗安寺は安国寺を改名したもので、最初から宗安寺に宿泊したことがわかる。

近くの江国寺の本堂の扁額「江国寺　朝鮮雪峯」は、一六五五年の書記・金義信の書である。また佐和山の麓にある龍潭寺には藍渓の書がある。一七一一年のもので、申維翰と筆談した璘渓の師だという。（松田甲「朝鮮信使と近江路」）

夜、諸文士と唱和す。僧あり、名を素盈、号を璘渓という。みずから言うところによれば、彦根山竜潭寺にあり、市をへだてることわずかの距離という。法統は臨済宗派三十八代目であり、行年三十七歳、法臘（僧歴）二十二年。余と筆談したが、すこぶる才敏にして、詩もまた情を写す。

（申維翰『海游録』）

なお、肥田町の崇徳寺には一七一一年の正使趙泰億が書いた山号額「大智山」がある。

5、磨針峠・望湖堂

彦根を出発する。磨針峠の望湖堂（望湖亭）については記述がたくさんある。『海游録』から引用する。

「十五日甲申。晴。日の出とともに出発し、絶通、摺針の二つの嶺を越える。嶺路はすこぶる険、行くこと数十里にして、奉行たちは茶屋で小憩することを使臣に請う」

「嶺上に一堂があり、すなわち辛卯年（一七一一楣間に扁額があり、名づけて望湖という。

宗安寺赤門

年）信使のときの写字官が書いた筆跡である。壁上に幛があって、これまたその時の従事官（李邦彦）の書である。三使臣は堂に入って憩う。余もまたそれに従う。琵琶湖を俯観すれば浩渺たること際限なく、衿神（心胸）の爽豁（さわやかにしてひろびろ）たるを覚える。遙かに望めば、一点の孤島が湖心にあり、黯々としてはいるがなお見分けられる。島名を問うと、すなわち曰く「竹生島」と。これ、造物主がまた、湖中の土石をもって群山とその美を争わせようというつもりのものか」

絶通とは佐和山のこと。前者は往路で、後者は復路の文。

一七六四年の趙曮の『海槎日記』にはこの磨針峠からの眺めは、備後鞆浦の福禅寺（広島県）、駿河の清見寺（静岡県）とともに日本で風景の良いところと書かれている。

現在は干拓が行われて琵琶湖までが遠くなっているが、当時はかなり近くまで湖だったのだろう。

醒井の清泉の記述も見受けられる。

行きて醒泉に到り暫く美濃守の茶屋に憩う。庭に清泉有り、因って小池を築く。遊魚食を争い、異卉堂を環る。

望湖堂から眺める琵琶湖

磈礧たる恠石亦た奇観を助ける

醒井で休息をしたあと美濃路に入った。

なお、申維翰『海游録』は姜在彦氏の訳、慶七松『海槎録』の安土・射場村の項は堤須賀彦氏の訳であるが、それ以外は筆者の拙訳である。

第4章

通信使外交の歴史

1、室町時代の通信使

通信使の歴史は室町時代にさかのぼる。一三六七年高麗国王の使者が京都にやってきた。使者の目的は朝鮮近辺に出没している倭寇の取り締まりの要求であった。

倭寇禁圧の国書の取り扱いについて、朝廷（公家）は積極的に対応せず足利幕府に措置をゆだねた。将軍義詮《よしあきら》は天竜寺に使者を迎えもてなし、日本と朝鮮の修好の契機が生まれた。

一方、中国では一三六八年洪武帝により明が建国された。

周辺の諸国が中国に貢ぎ物を持っていき、それに対して中国の皇帝がしかるべき位階に封ずる旨の文章（冊文《さくぶん》）、印、返礼の品を与える。これを冊封《さくほう》といった。中国の伝統的東アジア支配政策で、明も周辺の諸国に対して冊封関係に入ることを要求した。

朝鮮半島では一三九二年李成桂が李氏朝鮮を建国、一四〇一年には「朝鮮国王」として冊封を受けた。

一方日本では、一四〇二年明の使者を京都に迎えた足利義満が翌年日本から国書を送り、中国皇帝の冊封を受けた。義満は「日本国王源道義」と称して朝鮮に僧周棠を派遣した。このときから日本国王としての義満と朝鮮国王との間に、明の冊封を前提として対等・友好の対外関係が成立する。

飛鳥時代以降、日本の主権者は「中国とは対等である、周囲の国々は一段下である」という見方をとってきた。日本型華夷思想と呼ばれるものである。しかし義満はこの考えを放棄し、明および朝鮮からの要請をかなえるため東アジアの国際秩序に入る。日明貿易で利益を上げ、一方で朝鮮とは対等の関係でつきあう道を選ぶ。江戸時代の朝鮮との「交隣」外交の基本路線は義満の国際感覚から生まれたものだと言ってよい。

一四一九年、朝鮮の太宗は倭寇の根拠地をたたく目的で対馬を攻撃した。応永の外寇と呼ばれている。これに対して幕府は朝鮮の真意を探らせるため、大蔵経の請求に託し無涯亮倪を使者として朝鮮に送った。朝鮮の世宗はあくる一四二〇年、要求通り大蔵経を与え、宋希璟を回礼使として無涯らの帰国に同行させた。

当初、応永の外寇の停戦条件に関する誤報などがあったため使節は冷遇されていた。しかし、日本の役人たちが義満の十三回忌にあたり魚食を禁じているのを知った一行は、それにならう。そうした努力もあり日朝の関係は修復した。

宋希璟は帰国後『老松堂日本行録』を著した。これは九ヶ月余りの見聞や行動を記したもので、朝鮮人の手になる最古の日本紀行と言われている。

室町時代を通じて日本国王使の派遣は六十余回をかぞえる。朝鮮からも十回以上の使節がやってくる。それ以前の非公式の使節や高麗の使節を含めるともっと増え、江戸時代よりも回数は多い。使節は「回礼使」「報聘使《ほうへいし》」などと呼ばれていたが、一四二八年の朴瑞生一行のときから通信使と改めた。お互いに信義を通じあうという善隣関係が確立する。何度か通信使が派遣されるが、無事に京都を訪れたのは世宗時代の三度だけで、あとは事故のため目的が果たせなかった。その後日本は戦国時代に入り、足利政権の統制力が失われ、交通路の危険が増したこともあり、朝鮮は通信使派遣を中断する。

2、秀吉の朝鮮侵略

戦乱の世を制覇し天下を統一した豊臣秀吉は、朝鮮・中国を支配する妄想に駆られる。秀吉は対馬の宗氏に、朝鮮国王に朝貢使派遣を勧告するように命じる。宗氏は秀吉の武将小西行長と画策し、入朝要求を通信使派遣要求にすり替えて折衝した末に通信使が派遣された。一五九〇年の黄允吉一行である。

秀吉は聚楽第で会見したが、これを朝鮮が服従したものと錯覚をし、入明の先導を朝鮮に要求した。宗氏と行長は「明に入るため道を借りる」という形で朝鮮に伝えたが、朝鮮はこれを拒んだ。東アジアの情勢がよく見えなかった秀吉は、肥前の名護屋に城を築いて本陣とし、一五九二年、十五万余の大兵力を朝鮮に派兵した（文禄の役）。

釜山に上陸した日本軍は韓城（ソウル）をおとしいれ、さらに平壌（ピョンヤン）も占領した。しかし、李舜臣のひきいる朝鮮水軍の活躍や朝鮮義兵の抵抗、明の援軍により補給路を断たれ、次第に戦局は不利になった。そのため秀吉は明との講和をはかって休戦したが、交渉は決裂した。

九六年の講和折衝の時、明使とともに朝鮮から通信使が来日したが、秀吉には会えなかった。

九七年には再び十四万余の兵を朝鮮におくったが（慶長の役）日本軍は最初から苦戦をし、翌年秀吉の死によって撤兵した。七年にわたる朝鮮侵略は、朝鮮の人々に多大の被害を与えた。

一方日本でも、膨大な戦費と人命を犠牲にし、農村の荒廃をまねいた。この無謀な侵略戦争は豊臣政権の命取りとなった。

年代	日本	朝鮮	正使	使命
一四二八	義教	世宗	朴瑞生	義持・義教継承の慶弔
一四三九	々	々	高得宗	修好
一四四三	義勝	々	卞孝文	義教・義勝継承の慶弔
一四五九	義政	世祖	宋処倹	仏典贈呈（海上遭難・行方不明）
一四七五	義尚	成宗	裴孟厚	（中止）
一四七九	々	々	李亨元	（対馬より帰る）
一五九〇	秀吉	宣祖	黄允吉	京都聚楽第で会見、すりかえ
一五九六	々	々	黄慎	秀吉と面会できず、堺滞留後帰国

＊一四一三年朴賁が任命されたが慶尚道にて発病のため中止という説もある。

室町時代・豊臣時代の通信使

室町時代、豊臣時代の通信使は別表の様である。ただ来聘の理由（使命）は日本側と朝鮮側によって異なる事もあり、報聘使・回礼使・通信使の中身についても今後の研究に待つところが大きい。ただ、江戸時代の通信使の性格を理解するには室町時代に着目し、「東アジアの中の日本」というとらえ方から考えてみることが重要なことではなかろうか。

3、家康の外交正常化

秀吉の無謀な朝鮮への侵略は失敗に終わり、秀吉の死により撤兵が行われた。さっそく対馬藩宗氏は朝鮮に使者を送り復交を打診した。それまで朝鮮との通行と貿易によって経済を支えてきた対馬にとっては一刻も早い国交回復を願っていた。

一六〇〇年九月の関ヶ原の戦いで勝利した徳川家康は、対馬藩主宗義智に命じ朝鮮との和平交渉にあたらせた。それは「日本朝鮮和交の事、古来の道なり。しかるを太閤一乱の後その道絶えぬ。通行はたがいに両国の為なり。まず対馬より内々書をつかわして尋ね試み、合点すべき意あらば、公儀よりの命と申すべし」というものであった。

宗氏の度重なる要請に応えて、一六〇四年松雲大師惟政ら「探賊使」が秀吉の侵略戦争後初めて日本の土を踏んだ。〇五年伏見城で家康・秀忠と会見。その時家康は、「自分は関東にあって出兵には関係していない。朝鮮との間に怨もなく、和を通じたい」と述べたと言われている。家康は朝鮮との修好を対外政策の柱とすえ、秀吉が侵略したときに捕らえられた捕虜の返還にも合意した。対馬藩は朝鮮との交渉を行うことになり、そのための優遇措置も与えられた。

一六〇六年朝鮮から講和の条件が二つ出された。一つは朝鮮国王の墓を荒らした犯人を捕まえて送ること、もう一つは家康の方から先に国書を送ることであった。これに対して対馬藩は国交の回復を急ぐあまり日本の国書を偽造し、島内にいた罪人二名を犯人に仕立て上げて朝鮮に送った。あまりにも早い対応に朝鮮側もその真偽をめぐり論議があったが、朝鮮にとっても和平を望んでいたので国交回復に応じた。

翌一六〇七年、朝鮮では国王の名のもとに使節を日本に派遣することにした。ただしその名称は通信使としないで、回答兼刷還使としたことは前述した。

このようにして正使呂祐吉以下一行四六七名が来日した。呂正使らは江戸城で将軍秀忠と会見、国書を交換した。帰路、駿府にいた家康にも会い帰国した。徳川が天下を統一したと言ってもまだ大坂には豊臣秀頼がおり幕府の威光を全国に知らせるには絶好の機会だったに違いない。

また一六〇九年には己酉《きゆう》条約が結ばれたが、これは江戸時代を通じて日朝両国の通行と貿易に関する基本条約であった。

一六三三年対馬藩の外交担当者柳川調興《しげおき》と対馬藩主との争いがもとになり、国書の偽造が明るみに出た。たとえば、第一回の通信使来日のとき、将軍秀忠への国書は返書の形をとっていたため書き出しが「奉復」となっていたので「奉書」と書き変えなければならない。このように一度国書の偽造や改ざんをすればそれのつじつまを合わさなければならないからまた行われる。その事実を柳川調興が藩主をおとしめるために暴露してしまい、国際事件にまでなった。これが柳川事件である。

結果は柳川調興の敗訴に終わる。対馬藩主宗氏の存在を抜きにしては、日朝関係は成立しない事情があったためであろうか。

柳川事件が一件落着した後、一六三六年「泰平祝賀」を名目として使節が日本にやってきた。このときから使節は室町時代と同じように「通信使」と名乗る。また、「日本国王」という名称を「日本国大君《たいくん》」と改めた。(新井白石が一七一一年の通信使来日の時「日本国王」としたがすぐに旧に戻った)。

朝鮮通信使はこの後、一八一一年(文化八)の十一代将軍家斉の襲職の時まで続く。ただしこの時は対馬で国書の交換を行った。理由は日本・朝鮮ともに使節派遣にともなう巨額の経費の削減にあった。

その後何度か派遣交渉がなされたが結局実現されなかった。

しかし、一八五三年ペリーが来航しヨーロッパやアメリカの諸国がアジアに進出してきて、新しい国際情勢が展開してくると、徳川政権の外交政策は重大な事態に直面した。伝統的なアジアの秩序のうえにつくられたものが崩れた。

一方、知識人の中に朝鮮蔑視論が高まってくる。古代の「神功三韓征伐」を史実として認め、朝鮮に対して優越感を持つ。たとえば中井竹山は松平定信に『草茅《そうぼう》危言《きげん》』を提出し「朝鮮は神功皇后の遠征以来、服従朝貢し歴代に渡り日本の属国であった」という立場に立ち通信使の対馬止まりを進言する。やがてこの考えは明治時代の「征韓論」へとつながっていく。

幕府も通信使来聘という大きな行事をおこなうには力もなくなり、十二代以降の将軍は朝鮮通信使の祝賀をうけることはなかった。それでも一八六八年明治政府が朝鮮外交を接取するまでは、親善の関係は変えなかった。

明治政府は「大政一新」の通告を朝鮮にしたが、手続き・文章ともに慣例にあわず受理を拒否された。やがて新政府は「征韓論」を背景にしながら江華島事件をひきおこし、侵略の道をひた走るのである。

4、雨森芳洲と高月町雨森

朝鮮通信使を語るとき忘れてはならない人は雨森芳洲だろう。滋賀県高月町の出身である。彦根東高校新聞から引用してみよう。

鎖国時代の国際人

朝鮮通信使と日本外交を語るとき、近江の儒学者・雨森芳洲の存在は欠かせない。今年の五月来日した盧泰愚大統領は、芳洲を「誠意と信義の交際を信条とした人」と称賛した。芳洲は、日本語、中国語、朝鮮語の三国音に通じており、通信使の間でも、高く評価されていたという。

一六六八年、滋賀県高月町雨森に生まれた芳洲は、十七歳のとき江戸に上り、木下順庵の門下で儒学を学んだ。その後、二十六歳で対馬に赴任し、長崎で中国語を、釜山で朝鮮語を学んでいる。彼は、当時すでに、外国と付き合うためには、その国の言葉や歴史、風俗、習慣を知らなければならないという強い精神の持ち主であったようだ。

芳洲は、晩年、日本と朝鮮との友好について述べた『交隣提醒《こうりんていせい》』を著した。この中で彼は、朝鮮との交わりについて、次のように書いている。

「真実を持っての交わりを誠信というのであって、朝鮮人は日本人を欺かない、日本人も朝鮮人を欺かない、そして互いに真実を持って交わることが、誠信の交わりである」

日朝関係が新しい動きを見せ始めている今日、見直してみる価値のある言葉だ。

（彦根東高校新聞第二二八号）

湖北の村からアジアが見える

江戸時代の朝鮮外交に尽くした儒学者雨森芳洲の業績を顕彰し、アジアとの国際交流を目指すユニークなまちづくりに取り組んでいる地区がある。伊香郡高月町雨森。湖北の静かな農村である。一一五戸、五二〇人が住んでいる。

一九八四年（昭和五十九）に「東アジア交流ハウス」が県の「小さな世界都市づくりモデル事業」の採択を受けて建設された。

一九八九年（平成元）十月号で、「国際化と日本人」「まちづくり」の特集をしたときに、取材に行ったレポートがあるので引用したい。

《野球部が村づくりを》

まず最初に訪れたのは中央公民館。

雨森地区の村づくりのリーダーである平井茂彦さんが待っていて下さった。

「なぜこのような村づくりをお始めになられたのですか」私達の質問に嫌な顔一つせずに語ってくださった。「最初から、やろう、と決めて始めたのではないんです」。

昭和五十六年、〝村の野球部〟が結成された。平井さんも属していたこの部が、村のスポーツ大会を企画、運営したところとても好評だった。そこで、「そのうち野球より楽しくなって」。村づくりのきっかけは、こんなひょんなことからだった。

この地区のスポーツ、イベントは大いに盛り上がる。隣近所の運動会〝キンリンピック〟は全国でも紹介されている。

《民族衣装でパレード》

ここ雨森は、江戸時代の国際人・雨森芳洲の生家跡がある。

昭和五十九年には〝東アジア交流ハウス雨森芳洲庵〟が建立された。東アジアを中心とした国際交流も盛んなのだ。「韓国から高校生も立ち寄ります」。そういえば、この村づくりのキャッチフレーズは〝湖北の村からアジアが見える〟であった。

芳洲まつりには、地区の人達が民族衣装を着、朝鮮通信使の行列をまねたパレードを行う。みんなで朝鮮と交流して行こう、という姿勢がうかがえる。

真の国際化とは〝国は違っても人と人とのふれあいを大切にしたい〟と願う、この心から生まれるのではないだろうか。

《手作りの村雨森》

次に、実際に村を見学することにした。

道路の両脇の小川。ここの水は高時川の伏流であるが、雨森は〝水のある村〟なのである。水中では色とりどりの鯉がしぶきを揚げる。おじいさんと子供が川へ近寄って来た。子供が鯉にえさをやっている。

川べりいっぱいの花。手作りのプランター。時折カラカラ音をたてる水車も、これまた老人の手作り。数々の賞も、村の人々の知恵と工夫の賜なのだ。

水車と花いっぱいの高月町雨森

《ハングル文字に万歳》

次に芳洲庵を訪れた。けやき建築だが、くぎは一本も使われていなかった。

私達はそこで、館長の木村一雄さんからいろいろなお話を聞いた。

ハングル文字で書かれた看板を見て、雨森を訪れた韓国の人々が「万歳!」と泣いて喜ばれたそうである。この話に、何だか胸がいっぱいになった。

（彦根東高校新聞　一二二一号）

芳洲と新井白石

芳洲は、幼少の頃から京都で医業に従事していた父の許で学問を学び、一二、三歳のとき名医高森正因に弟子入りする。ある時正因が「書を学べば紙を費やし、医を学べば人を費やす」と言っているのを聞き、医学を断念し儒学を志したというエピソードが残っている。やがて木下順庵門下に入る。

木下順庵門下の中では新井白石がよく知られている。将軍綱吉が没し、家宣が将軍になると（一七〇九年）白石は政権の表舞台に登場した。3、でも述べたが、一七一一年の通信使来日にあたり、白石はこれまで国書に「日本国大君」と記されていたのを「日本国王」と改めさせた。これに対して芳洲は反論をする。この王号問題については芳洲と白石の深刻な論争になった。

白石の引き立てで幕府への仕官を望んでいた芳洲が、白石に論争を挑むのにはよほどの決心が必要だったのだろう。日本の歴史の中でも微妙な点をはらむ問題ではあるが、外交の最前線にいるものと、中央にいて対面にこだわるものとの違いであろうか。

その他白石の改革はそれなりの理由をもっていくつも実行されたが、そのたびに通信使の不信をまねいた。トラブルも多く、三使は朝鮮に帰ってから処罰を受けるほどであった。

吉宗が将軍になり、白石が失脚して（一七一六年）、一七一九年の通信使からは「何ごとも祖法どおり」という方針が出され、白石の改革は一度きりに終わった。

雨森芳洲

芳洲は『交隣提醒』の中で秀吉の朝鮮侵略に対しても「豊臣家無名のいくさを起こし」と大義名分の無い戦いに対してはっきり批判をしている。また、事実を観察して偏見にとらわれることなく朝鮮人の性格を分析しているが、この辺が白石と対比されるところだ。

芳洲は一七一一年、一九年の二度にわたり、対馬藩の接待役の中心人物として通信使とともに活躍し、江戸を往復した。

『海游録』（一七一九年）には筆者の申維翰と芳洲のやりとりについて詳しく記されている。たとえば、京都方広寺大仏殿に立ち寄るか否かの激しい論争、日本人を倭人と呼ぶことに対する議論などがあるが、ここでは「雨森はすなわち、彼らの中では傑出した人物である」という申維翰の言葉だけを引用しておこう。

最近、高校日本史の教科書に朝鮮通信使の記述は見られるようになってきたが、雨森芳洲についてももっと扱ってもらいたいものだと思う。

第5章

近くて近い国

1、消えた道と道の保存

「朝鮮人街道」を歩いてみてわかったことであるが、表示がほとんどない。新聞部が調査した時点では八幡市立図書館横にある「朝鮮人街道」の道標だけであった。『朝鮮人街道』の著者江南良三氏は生徒のインタビューの中で次のように語っておられるが、このことはいまもっとも大事なことであろう。

――今度街道を歩いた中で、どこにも見あたらなかった『朝鮮人街道』という表示が、八幡にはありましたが。

「ええ。市立図書館の近くにある地図の看板と道標、あれは私が建てました。他の沿道でも表示することによって、歴史的に由緒あるこの街道を保存し

近江八幡市立図書館横にたてられた碑と地図（1990年撮影）

ていくことが大切だと思います」

（彦根東高校新聞　一二二八号）

その後彦根在住の細江敏氏が芹川にかかる芹橋南詰めに「俗称　朝鮮街道」という碑をたてられた。さっそく新聞部が取材している。

我々東高新聞部では、昨年十月号の特集で「朝鮮人街道」をとりあげた。完成した地図は好評だったのだが、その後、彦根市在住の細江敏氏が「朝鮮街道」の石碑を建てておられることがわかった。そこで細江氏にお話を伺った。

——平成二年十二月八日に「朝鮮街道」や「巡礼街道」の石碑を芹川の堤防に建てられましたが、これにはどのようなねらいがあったのですか。

「史跡というものはきちんと記録しておかなければわからなくなってしまいます。（中略）彦根の人たちも『朝鮮街道』と『巡礼街道』を混同している人が多いので、このままほっておけばそれらは同じものだということになりかねません。そこで、『朝鮮街道』と『巡礼街道』の違いをわかってもらい、正しい歴史的事実が後世に伝わって行くようこれらの石碑を建てました」

——ところで、我々新聞部では自分たちで調べてきた道を『朝鮮人街道』と呼んでいたのですが、石碑には『朝鮮街道』と刻まれています。これはなぜですか。

「今の高校生のような若い世代はどうなのかわかりませんが、私たちのような者にとっては、

芹川べりにたてられた碑

『朝鮮人』という言葉には何か蔑視的なニュアンスが含まれているように感じてしまいます。歴史的に見れば確かに『朝鮮人街道』と呼ばれてきたのですが、石碑ではあえて『朝鮮街道』とし、石碑の裏に刻まれてある説明では『朝鮮の方々』と表現することにより、少しでも蔑視感情をなくすよう努めました」

（彦根東高校新聞　第二二三五号）

本校生に対して街道を知っているかインタビューした結果は次のようである。

東高生の中には朝鮮人街道を通学してくる人が多い。そこでその人たちに街道を知っているかどうかを聞いて、それに対する本校生の意識を探ってみた。

その結果まずわかったことは、インタビューをしたほとんどの人が、どの道が朝鮮人街道なのか知らない、あるいは間違った道をそうだと思い込んでいるということだった。中にはその名前さえ知らない人もいた。

彦根市内に住む生徒には「巡礼街道」と混同している人が非常に多く、正しい道を知っている人はごく少数だった。またこれに関して「朝鮮人街道は知らないけど巡礼街道は知っている」という人が沢山いた。どうやら彦根では巡礼街道のほうが有名らしい。

彦根に住む生徒に対し、稲枝、能登川、安土に住む生徒には朝鮮人街道の正しい道筋を知っている人が多かった。おそらく、道が彦根のように複雑でなくまっすぐなのでわかりやすいのだろう。ただ安土では街道は「産業道路」と呼ばれていて、その名前のほうで通っているらしい。

「朝鮮人街道」についてインタビューする新聞部員

これらの結果からわかるように、朝鮮人街道は、生徒のほとんどがその周辺に住んでいるにもかかわらず、あまりよく知られていない。取材にあたった地域の人々（特に若い人）にもこのことは当てはまる。

こんな証言もあった。「朝鮮人街道って『湖岸道路』のことと違うか？」これは彦根在住の生徒の言葉。

また八幡に住むある生徒は「朝鮮人街道は彦根も通っているの？」と。どうやらこの人は街道は八幡だけを通っていると思っていたらしい。この二つの証言にはさすがにその間違いの大きさに驚いた。しかしこのような大きな間違いをしているのは、果たしてこの人達だけだろうか。

（彦根東高校新聞　第二三八号）

同僚の教員にも聞いてみたが、彦根市内の人は「巡礼街道」との混乱が多い。一方他の地域の人たちの場合は名前はよく知っているが、新しい道（県道大津能登川長浜線）をそう呼んでいる場合が多い。

「朝鮮人街道」は東海道や中山道に比べて忘れ去られた道なのである。二つの意味で消えた道だといってもよい。

一つは「地図上」から。新しい鉄道や道路ができて道は消えた。もう一つは人々の「意識の中」から。明治以降、為政者にとって江戸時代の日朝友好の道は好ましいものではなかった。これは消されたと言ってもよいだろう。

2、特集「朝鮮人街道をゆく」の反響

「朝鮮人街道」を調査していることは、一九九〇年十一月七日の京都新聞や一月二十四日の朝日新聞に紹介された。また、二三八号は色々なところで反響を呼んだ。

研究水準の高さに驚き

韓国史学会会長　朴　永　錫　氏

朝日新聞の富岡隆夫局長を通して貴校の学内新聞を受け取り、「朝鮮人街道」を行くという記事を見ました。

まず、高校の学内新聞で研究水準がこれほど高いところまでいっているのには驚きました。

韓国史学会では今年の六月、韓日関係史に関する資料展示会を計画しており（東京で）いま通信使が往復していた行程の地図を作っています。貴校新聞の「朝鮮人街道」は史学会の作業にも非常に役に立つと思います。

（彦根東高校新聞　一三二一号）

地籍図を集めたい

彦根城博物館学芸員　母　利　美　和氏

高校生が、実際に地元へ出て調査していく中で、不明確な点を正していったことは大変評価できます。朝鮮通信使の文化的な位置づけや、現在の人権問題などについても、高校生として視野を広げられたらもっとよくなるでしょう。

博物館としても、街道沿いの市町村と連携をとりあいながら、明治初期の地籍図を集めて、正確な地図を作りたいと思います。近くこれに着手して、通信使が宿泊した守山・彦根で展覧会を催す予定です。

（彦根東高校新聞　二三一号）

十月号の特集「朝鮮人街道」は京都新聞にも取り上げられたため、いろいろな方からも連絡を頂いた。安徳烈《アンドンリョリ》氏には本校まできて頂きインタビューした。その記事が、「彦根東校新聞　二三一号」に掲載されている。

九三年六月三十日には韓国文化放送（ＭＢＣ）のスタッフが新聞部を取材した。これは朝鮮通信使の足跡をたどる特別番組の取材のため。これまでは反日的な内容が多かったが「日本と韓国が友好であった時代」を取り上げることにしたとのことだった。

二二八号は'90全国高校新聞コンクールで「朝日新聞社賞」を受賞した。これは文部大臣賞につぐ賞であった。松山幸雄審査委員長（朝日新聞論説委員）は、次のように評された。

全ページ気合いの入った若々しい紙面で写真もうまく、中でも『朝鮮人街道をゆく』は高校生とは思えぬ取材力を駆使した力作。『ご迷惑をおかけした印刷屋さん』（編集後記）にも敬意を表したい。これは大人の新聞や雑誌に転載するに値するヒットだと思う。

（大東文化大新聞　九一年一月号）

日朝の相互理解を
安徳烈《アンドンリョリ》氏に聞く

外国人登録証明書の常時携帯、指紋押捺、就職差別のことなどを熱っぽく話される安徳烈氏。現在、「もうひとつのヒロシマ―アリランのうた」上映実行委員会代表世話人。

十月号の特集「朝鮮人街道」は京都新聞にも取り上げられたため、その記事を読まれた在日朝鮮人の方からも連絡を頂いた。そこで在日朝鮮人二世の一人である安徳烈氏にお話を伺ってみた。

「まず驚かされたことは、世間ではよく『最近の若いもんは……』などと言われているので悪いイメージを持っていた今の高校生が、昔は『差別語だから使ってはいけない』と言われていた"朝鮮人街道"を的確にとり上げていたことです。もし東高生の中に在日朝鮮人の人がいれば、砂漠でオアシスを得た思いに違いないでしょう」

安氏の両親は、日本が朝鮮を植民地としていた時代に労働力不足を補うため強制連行されてやって来たという。そして安氏は日本で生まれた。安氏は今日まで在日朝鮮人がゆえに大変な苦労をされてきたという。「子供の頃は、自分が在日朝鮮人であることがばれたら差別され、友達関係がつぶれてしまうんじゃないかと不安で不安でたまりませんでした。差別語として依然タブー視されていた"朝鮮"という言葉が大嫌いで、魚屋で『鮮』という文字を見るのも嫌でした。また、道端で母親に会っても、近所の人達に変な目で見られるのが嫌だったので、顔を真っ赤にして無視して通り過ぎたこともありました」

そして、「こんなつらい思いをする在日朝鮮人なんて、生まれて来ない方がましだった」と思ったこともあったそうだ。そんなときはいつも、母親に「なんで産んだんや」と問いたそうだが、答えはいつも「いずれわかる」と強く言うだけだったという。「当時は腑に落ちない答えだなあと思っていたんですが、今では正しい答えだったと思うようになりました。なぜなら母が私に在日朝鮮人問題をどう話しても、あの年代ではまだ理解できなかっただろうからです。もし私の子供に同じように聞かれたら、私も母のように強く、『いずれわかる』と言えるでしょうかねえ」

歴史上、日朝の仲が悪かったのは、秀吉の時代と明治以後だけで、それ以外の時代はよき隣人同士であった。「蒲生の石塔寺に見られるように渡来人文化が栄えた時代もあったし、朝鮮人街道に見られるように江戸時代は日朝が友好関係にありました。現代において日朝が近くて遠い国から近くて近い国になるためには、日本人が在日朝鮮人問題に積極的な理解と協力をし、日朝が相互理解を深めることが欠かせません」

（滅山）

彦根東高校新聞第231号

取材する韓国のテレビ局スタッフ＝彦根市金亀町の彦根東高校で

新たな友好築こう

朝鮮通信使 足跡を追う

県内各地で 韓国TV局

韓国で全国ネットを持つテレビ局、文化放送の番組取材スタッフ四人が三十日、彦根市の県立彦根東高校新聞部（豊満晶子部長、十八人）を訪れ、江戸時代の「朝鮮通信使」の足跡を取材した。

同テレビ局は、韓国が日本からの解放を祝う八月十五日の「光復節」の特別企画として、日本との不幸な時代に対する感情を乗り越え、新たな韓日関係を築くため朝鮮通信使に焦点を当てた。スタッフは先月十二日から、通信使がたどった対馬から瀬戸内にかけて取材を続け、県内では善隣友好に努めた雨森芳洲の出身地、伊香郡高月町などを訪れている。

スタッフは、同新聞部が実際に歩いて不明な部分が多かった朝鮮人街道の地図を完成させ、発行した学校新聞を取材。顧問の門脇正人教諭らから苦労した点や反響などを聞き取り、カメラを回した。

スタッフの一人は「日本との間では不幸な時代もあったが、二百年に及ぶ友好関係の時代もあった。この点をとらえ、新たな友好の時代の足掛かりになる番組にしたい」と話していた。

朝日新聞滋賀版　1993年7月1日

「彦根東高校新聞」228号の内容は次のようになっている。

1990年（平成２）10月26日発行

第１面	三崎さん全国を制覇　国体シングルスカルで／「酸性つらら」が本校にも／新聞部が最優秀賞　全国新聞コンテスト／358名が出願　センター試験／紙面案内/スポット／たわごと
第２・３面	特集「登校拒否」豊かな社会の落し穴　学校に行けない子どもたち／登校拒否は文明病～さざなみ学園園長にきく／不登校は病気ではない～湖南病院を訪ねて／児童相談所、養護学校、ミシガン州立大学日本センター、総合教育センター、保健室、中学校で聞く
４面	座談会「受験の重圧のなかで」／私達からのメッセージ／ＯＢインタビュー 子供の人権にとりくむ弁護士森野嘉郎氏
５面	顔・カオ・かお／俺にもいわせろ
６・７面	先生方の古い写真とクロスワード・パズル／女子マネージャーについて
８・９面	文化祭・体育祭
10面	朝鮮人街道をゆく　新聞部が今謎を究明
11～14面	歩いて聞いて地図完成
15面	八幡商業を訪ねて　～高校野球決勝戦で八商に破れる／文化部・運動部の記録
16面	40年間変わらぬ男女混合名簿／先生／トピックス／編集スタッフ／編集後記

3、新聞部員の声

日本と韓国・朝鮮とがかかえている現代的な問題をもっと追及したかったが、道探しに時間をとってしまった。しかし、一つのことを足を使って調査しながら新聞をつくるという、新聞部の基本的なスタイルは、継承されたと思う。次の文は、当時の編集長であった横田知哉が実名入りで書いた「まとめ」である。

まず道探しから——特集まとめ

「わからん、わからん」とぶつぶつ言いながら、とうとう道探しに骨を折ってしまった。朝鮮人街道は〝知られざる道〟だったのだ。地元の人の意識を探る、なんて言っても、街道がどこを通っているかわからず調査ができない。それに正確な地図も書物もない。そこで、まず付近の人に道を尋ねに歩くということに急きょ変更。案外、道探しから得るものは大きかった。

（中略）

我々は道中、いろんな人に出会った。しかし、道を全く知らない人、あるいは巡礼街道や県道大津・能登川・長浜線と混同している人が大部分を占めた。また街道の由来について尋ねると「三韓征伐の際に使われた」「朝貢使が貢物を持ってきた」「強制連行で朝鮮人が通った」など朝鮮を属国視したものや、「朝鮮人が街道沿いで物売りをしていた、居住していた」などと言う人もいた。朝鮮人街道はかつて日朝友好のきずなであったはずである。しかし、明治以降の征韓論的な隣国観によって現代の人々にも様々な誤解が根づいてしまった。

事実、取材をしていて、年をとった人は〝チョウセン〟という言葉に特別な感情を抱いているように見受けられた。

また、韓国の紙幣の裏に、秀吉の朝鮮出兵時の朝鮮海軍の亀甲船が印刷されていることにもこの出来事に対する韓国の人々の意識の強さを感じるとともに、私達日本人の歴史意識の希薄さをあらためて痛感する。

現在、在日韓国朝鮮人に関する問題は山積みの状態であるが、両国の対等な関係について論じ合うためにはまず、過去における事実を〝知る〟ことが大切であろう。そうしなければ、貧弱な知識によって、私達の意識の上で依然として偏見が生き続けるだけであろう。本当の意味での友好関係が動きだすことは難しい。

まず、身近にあるものから目をむけてみてはどうだろう。

今回我々も、日朝関係の過去を振り返ったというよりは、むしろこの街道から新たに〝知った〟という気がする。

「近くて遠い国」と言われてきた韓国・朝鮮が、文字通り「近くて近い国」となるよう願う。

（彦根東高新聞　一二二八号）

夏休みが過ぎてもなかなか「地図」ができず、知られざる道さがしに奔走して早や五年、部員たちもすでに大学生になっている。そこで当時の部員たちに取材の様子や思い出などを書いてもらった。

地図づくりに執着

今高校生活を振り返ってみて、新聞部での活動が僕の高校生活の中でかなりの割合を占めていて、自分なりに楽しんでやれたということを実感することができます。

当時作った新聞を引っ張り出して読み返してみますと、いろいろと未熟な点は目に付くものの、特に一九九〇年の十月号では今までの東高新聞にはない斬新な型破りの新聞を作ってしまったなあ、とあらためて思います。また九一年三月号ではより正確な地図作りに最後まで執着した、「こだわり」の一作だったと自分ながらに思います。

ここで裏話的なことを少々明かしますと、実はこの朝鮮人街道の企画について一部の部員の間でなかなか理解して貰えず夏休みに多少もめてしまったことがありました。朝鮮人

野洲町役場で地図とにらめっこ

街道ときいてピンとこなかったせいかもしれません。道探しをして何を得ようとしたいのかと…。編集も大詰めを迎え、まとめの段階に入ろうかというときになって初めて、自分達の取り組んだ問題というものが身近である反面、高校生である私たちにもいかに鋭く突き付けられた深い問題であるかということに気付くのでした。

また地図を作るためにブランケット判という大型の紙面にするということで予算の心配がありました。さらに、莫大な資料(皮肉にも道探しに参考になるものは皆無に等しかった)と自分たちが取材した事実とを比較・整理しつつまとめていくというのは大変手間のかかる作業でした。地図を作ることだけでなく文章にすることも難しく、どこまで書いていいものかについてもいろいろと迷ったものです。ということで、顧問の門脇先生に「（十月中の発行が）間に合うでしょうか」ときくと、あっさり「さあー、わからん」と言われてしまい、心配になったこともありました。でも、自分達の足で実際に確認していったことが徐々に活字、写真、そして地図上の赤い線となって再現されたときの喜びは今でも忘れることは出来ません。

横田知哉（京都府立医科大学）

貴重な経験

朝鮮人街道の特集を組んだ一九九〇年十月号の彦根東高校新聞を改めて読んでみました。思えばもう五年も前のことになります。新聞部での活動をはじめ高校時代の思い出が昨日のことのように紙面から感じとられ、しばらく時を忘れて読み耽っていました。新聞作りは、私の高校時代の一番よい思い出となっています。

学校新聞を作ることの意味について当時の私がどれだけ考えていたか、怪しいところですが、今になって振り返れば少なくとも私にとってはたいへん大きな意義があったと思います。自分たちの生活のなかで問題関心を持ち、それについて様々な方のお話を伺い、部員同士で意見を述べ合い、自分たちなりに紙面にまとめて多くの生徒に向けて発信する。

そのなかで自分の目と耳と足で直に知ることの大切さ、意見を発表することの責任を学びました。このような機会に恵まれたことは本当に幸せでした。

高校生が作る新聞ですから、もちろん限界があります。そのことは、新聞を作りながらも強く感じていました。当時私は、登校拒否の問題を扱った特集に取り組んでいましたが、考えれば考えるほど問題の難しさを知るだけで、結論らしいものにたどり着くことはできませんでした。けれども、自分たちなりに考え、問題提起をしたということは、決して無駄ではなかったと思います。今でも私は折りに触れてこの問題について考えることがあります。もし私達の新聞が、新聞を読んでくれた他の人にとっても何かを考えるきっかけとなれば、なによりも嬉しく思います。

そのような意味でも、「朝鮮人街道」の特集に様々な方が興味をもってくださったということは、素晴らしいことだと思います。彦根東高校新聞が学校の枠を越えて読まれ、朝鮮人街道への理解や研究に貢献できたのならこんなに嬉しいことはありません。非力ながらも新聞作りに参加した一人として、改めて新聞部での活動を振り返り、貴重な経験をしたことを喜ぶとともに、今後の糧にしたいと思います。

冨江直子（東京大学文学部）

取材は足で稼ごう（鳥居本で）

「高月町雨森をたずねて」を書いて

何しろ当初は入部したばかりの一年生の夏休みで、記事を書くこと、取材をすること、何もかも初体験であった。初めはよくわからないまま先輩についていったが、完成に近づくにつれて「やった！　出来た！」という達成感が湧いてきた。まさしく、足で稼いだ記事であると実感した。

今、読み返してみてもお世辞にも上手い文章だとは思えないが、その時にインタビューした村づくりのリーダーの方のお話、雨森の風景などが鮮やかに蘇ってくる。

要は事実をいかに鮮明に伝えられるか、である。私はそれを新聞部員である間の、自分自身へのモットーとしてきた。そのために写真を使ったり、表現を駆使したりするのだが、体験を通じた記事はやはり説得力がある。

国際化が叫ばれ、アジアが注目されているが、私達はどれ程理解しているのだろうか。私達の身近な小さな問題に触れてみてください。在日韓国朝鮮人いじめ、留学生のこと、外国人労働者のこと……。身近な、どんな小さな国際問題でも、触れてみたらどんな大きな音で私達に跳ね返ってくるか、わかりません。

頭で考えるよりまず実践して……。高校生らしい、瑞々しい鮮やかな新聞を作ってほしいと思います。

向井桐子（仏教大学文学部）

知られざる道

僕が新聞部に入って、初めてその活動に参加したのが、この朝鮮人街道の取材だった。入部したのが時期的に少し遅かったので、道探しも終わりに差し掛かっていた頃だったように思う。

途中参加だったので、街道を探すことになったいきさつも知らず、街道についての予備知識もほとんどなかった。実を言えば、それまで、朝鮮人街道という名前を聞いたことさえなく、そんな街道が滋賀県を縦断していることも知らなかった。自分にとってはまさに

「知られざる道」だったのだ。そんな僕が、当時の新聞に、本校の生徒は街道のことをほとんど知らない、といった内容の記事を書いているのだから、今となってはおかしく思えてくる。

取材の中で一番印象に残っているのは、佐和山での道探しだ。まさか取材で山登りをするとは思っていなかったし、道がなかなか見つからず何回も行ったので、真っ先に思い出される。

今こうして四面にわたる街道地図を開くと、新聞部員としての約二年間の活動の中でも、この朝鮮人街道の特集が最も大きなものだった、ということが改めて感じられる。

荒木浩之（京都大学工学部）

第6章

再び能登川へ

何が問題か

彦根東高校新聞部が「朝鮮人街道」を調査したとき、何個所か困難な地点があったが、その一番大きな個所が能登川駅前の道であった。また、ほとんどの本や地図が間違っていたり曖昧だったのもこの地点であった。

一九九〇年（平成二）七月二十三日、部員たちは実際に「朝鮮人街道」を歩き、いろいろの人に聞いてみた。能登川の駅前では、七通りもの説が出てしまった。最終的には「神崎郡猪子村地引絵図」（P79）をもとに、大字猪子と大字林の境界にある道をもって確定した。（図1）。そして十月に「地図」が完成した。

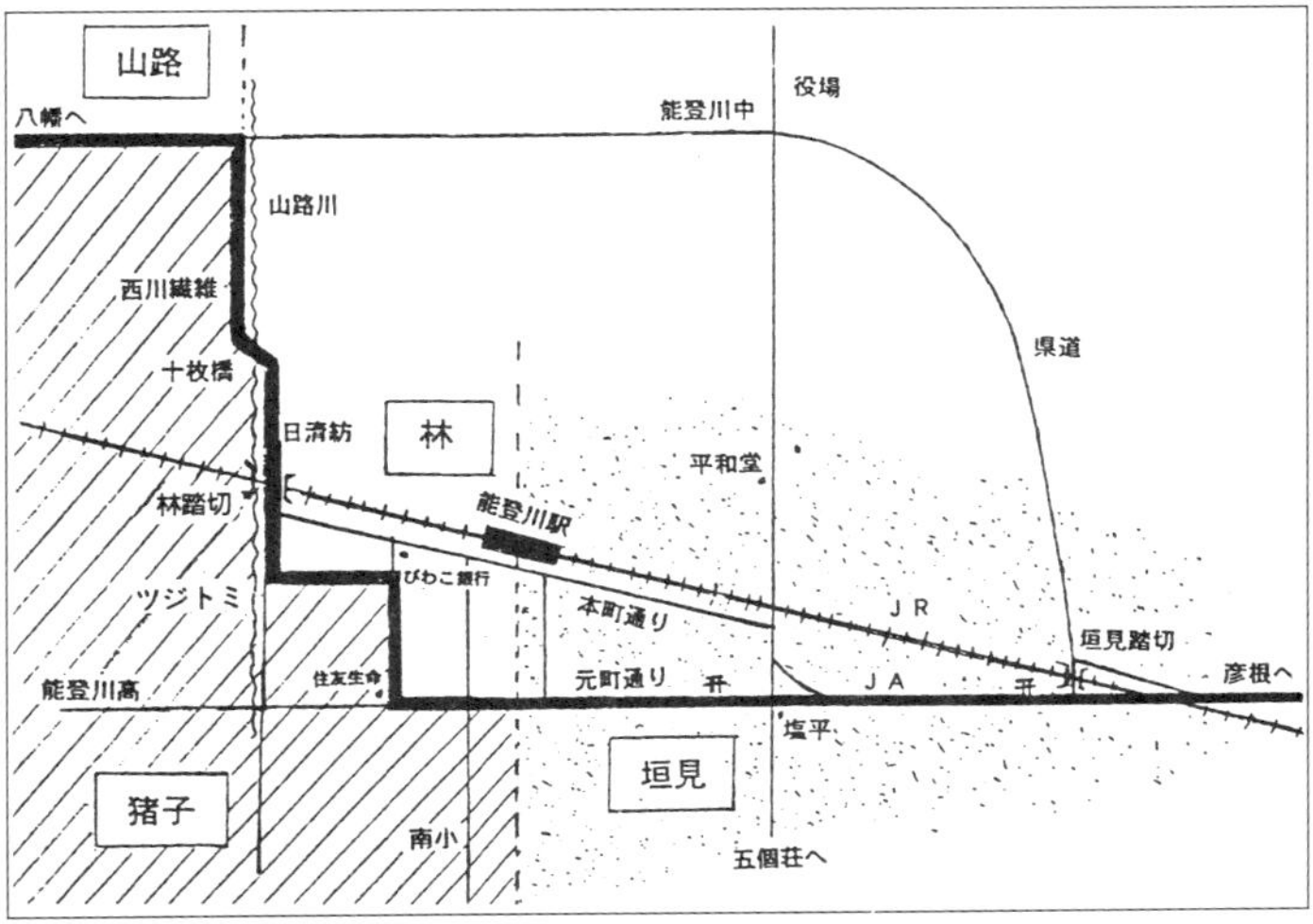

図1　能登川駅前の「朝鮮人街道」

当時参考にした本は、『近江の街道』と『朝鮮人道見取絵図』。「朝鮮人街道」に関わる数少ない本の中でこの二冊には大変お世話になった。これらがなかったらもっと調査に時間がかかっただろう。

　前者の記述は正確であるが、略図しかないためわからない所もある。能登川駅前については「東海道線の踏切を渡って北へ左折すると、国鉄能登川駅前の繁華街に入ってくる。付近は明治二十二年に能登川駅が開設されてから運送関係の倉庫も並ぶなど駅前商店街として発展したところだ。駅前を横切って北上すると旧街道を東へ、北へと鈎形に道をとって北上して行くが……」と記述されている。駅前の「本町通り」を指していると思われる。

　後者の解説編には明治の地図と今の地図が対比してあり便利であるが、駅前の「本町通

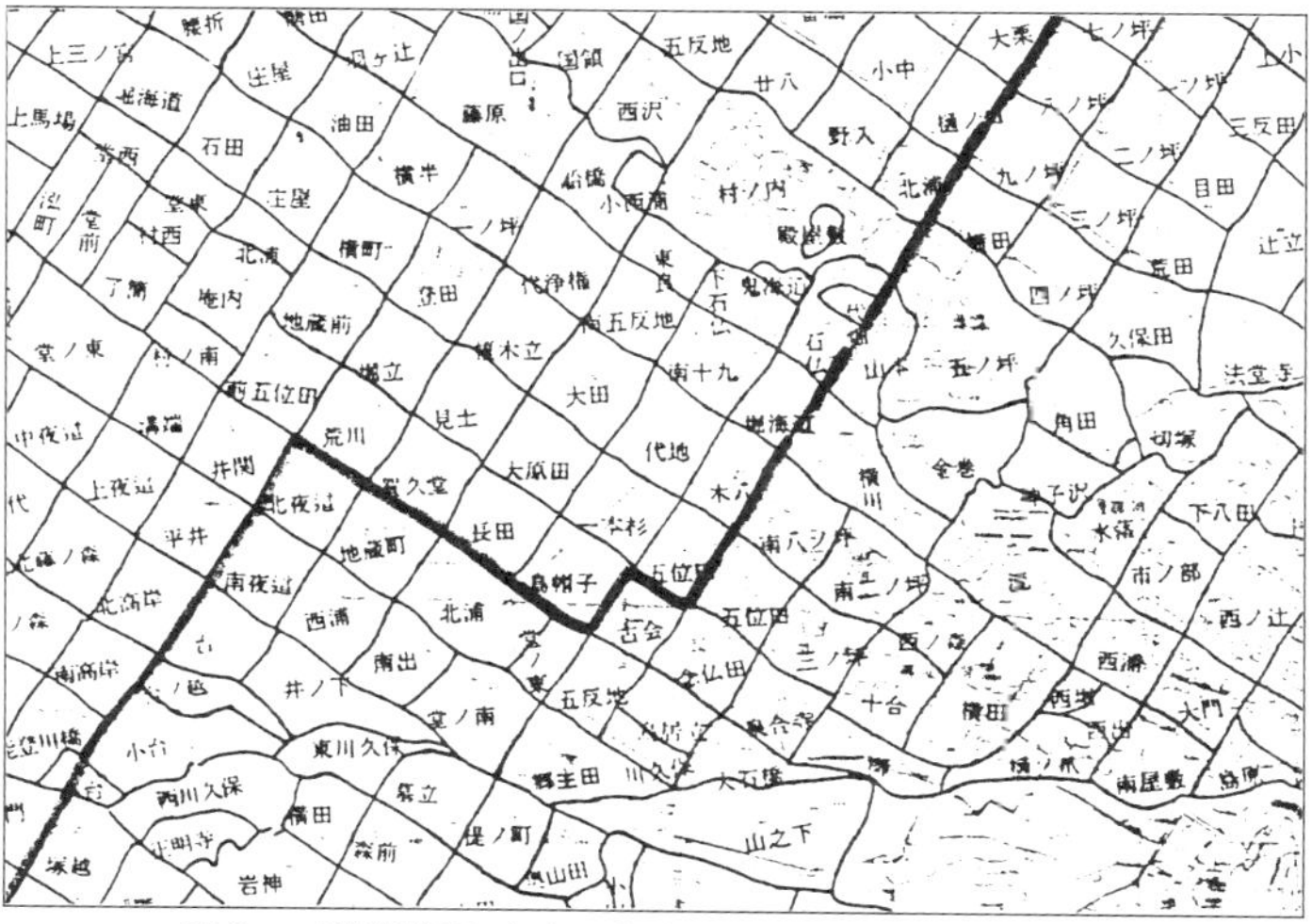

図２　「能登川町小字図」（『能登川町史』付図）より

り」に矢印がつけてある。両者とも消えた道などについては不詳なところが多い。

『彦根東高校新聞二二八号』（九〇、一〇彦根東高等学校新聞部）は図1の「元町通り」説を主張した。

その後、『中近世古道調査報告書1　朝鮮人街道』（九四、三　県教育委員会）が出されるが、「山路川沿いをまっすぐ行って元町通りで曲がる」説になっている。

『図説　近江の街道』（九四、七　郷土出版社）の地図も『報告書』の説と同じ。

『座　能登川の資料』（九四、一一能登川郷土再発見講座）は「本町通り」説。

能登川駅前の「朝鮮人街道」については、一九九四年の時点でこのような状況だった。諸説入り乱れ新聞部の「元町通り」説もその一つにすぎなかった。私自身もう一度調査する必要性を感じていた。

図2は能登川町の小字図である。新聞部の説の道を書き

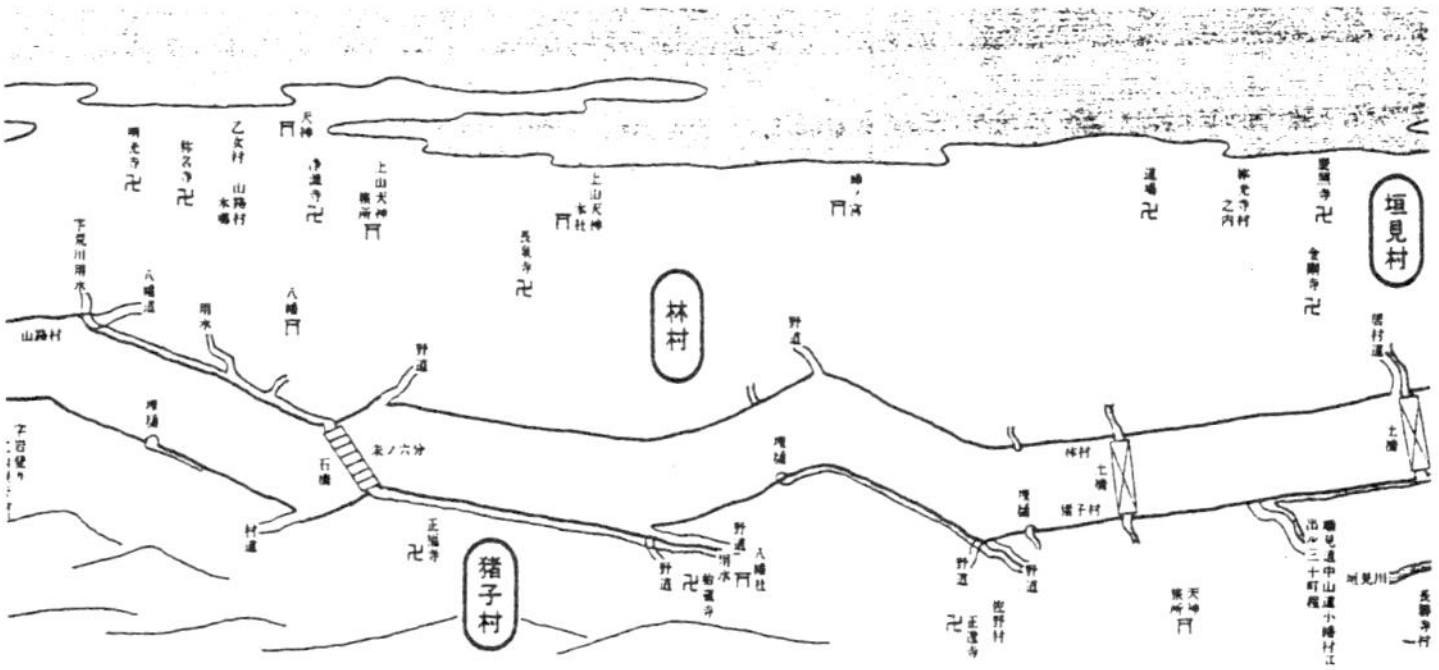

図3　「朝鮮人道見取絵図　解説編」より

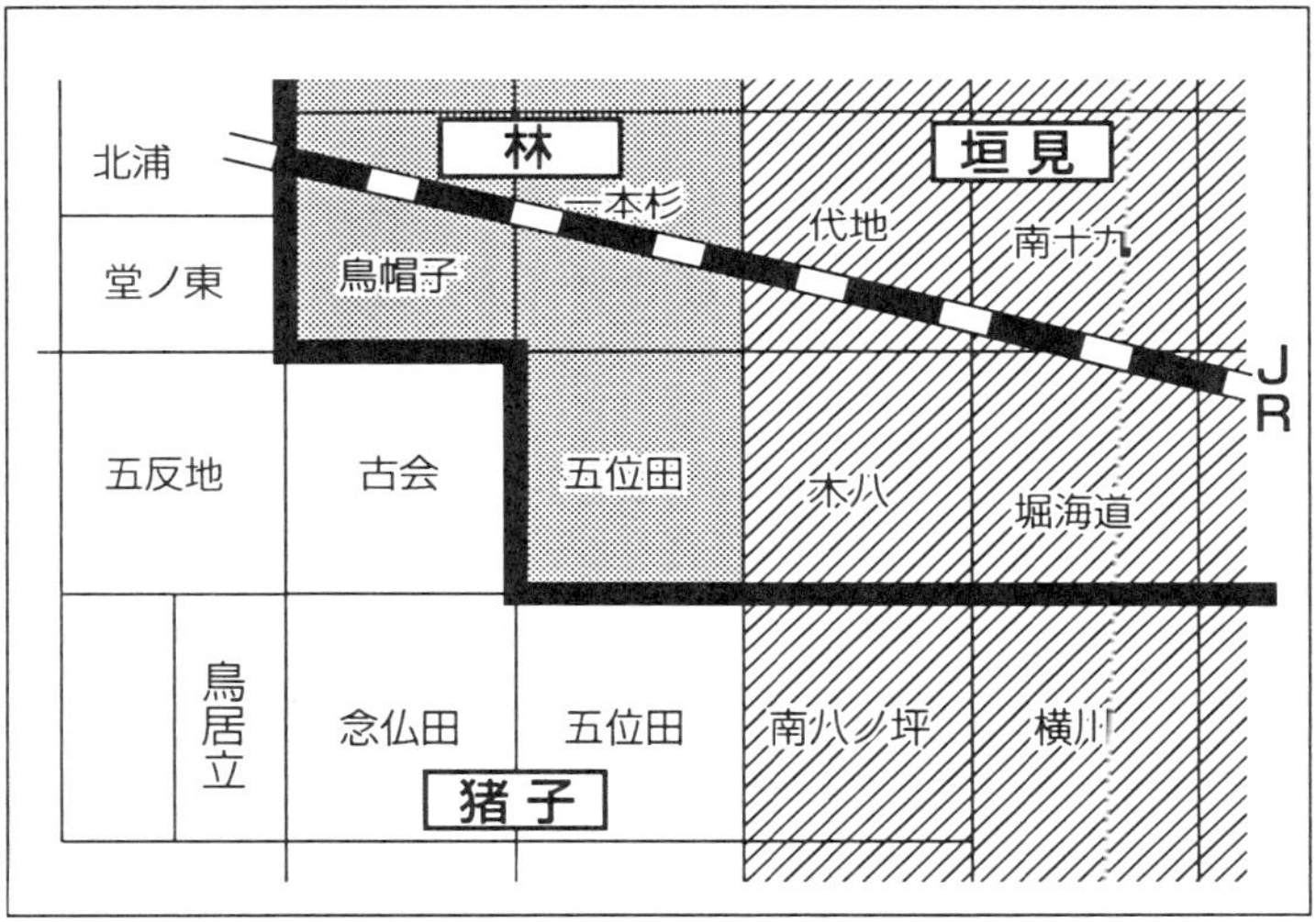

図4　垣見・林・猪子の境界付近の小字図

入れると、うまく小字の境界線上にのる。街道が条里地割の畔道を利用しているからだ。大字林、垣見について小字毎に調べればもっとはっきりするのではないだろうかと思っていた。

「朝鮮人道見取絵図」からの考察

確認しておいた方がいいと思うが、実は一八〇六年江戸幕府が作った「朝鮮人道見取絵図」に描かれている道を探している訳である。その地図の能登川駅周辺は図3の様になっている。（「絵図」そのものでなく「絵図」の解説編にある説明用の地図であるが）。この地図では、「朝鮮人街道」が他の道よりかなり強調され太く描かれているし、また実際には直角に曲がっているところも緩く曲がっているように描かれている。そのことを頭に入れて見るといろいろなものが見えてくる。

その地図の中央より少し右の道の中に「林村」と「猪子村」とある。図3ではよくわからないが「絵図」の方にはその前に朱丸が打ってある。この地図は江戸から描かれているのだが、江戸から見て初めて出てくる村の前に朱丸が打ってあり村の境界点を表している。「垣見村」「林村」「猪子村」の境界付近を詳しく描いてみたのが図4である。これからも分かるように「垣見」を過ぎて「林」と「猪子」の境界といえば、「林村」の五位田《ごいで》と「猪子村」の五位田の間を通る道しかない。しかもその後、直角に三度曲がれば山路川に沿った道に出るのだから図1でいう道が「朝鮮人街道」であることがわかる。

明治の地図

現在の県道（大津能登川長浜線）は「朝鮮人街道」の一部を使いながら、ほぼ平行に走っている新しい道である。したがって、本来の道を調べるのには明治二十六年（一八九三）頃測量された地図が有効になってくる。

ところが、能登川駅前について明治の地図は図5の様になっており、駅前の「本町通り」だけが地図に載っている。したがって、この地図が「本町通り」説の根拠になっていると思われる。このことについてはどう考えればいいのだろう。国鉄（ＪＲ）が開通した頃の地図があればと思っていた。

「家に地図がある」という情報を得たので能登川町林の木下欣一氏宅を訪問した。十二月三日の夕方である。

「近江國神崎郡林村官地境界取調之図」（コピー）を見せてもらった。やはり林と猪子の境を道は通っていた。それだけなら猪子の「神崎郡猪子村地引絵図」と同じである。しかしこの地図は、国鉄ができた明治二十二年（一八八九）ごろのもので、国鉄の用地と駅前の新道が描かれている。国鉄用地と新道の所は分筆がしてあり、番地が枝番になっている。これは、駅前の道ができたのは国鉄が引かれたときと同時だということを示している。

このことだけでも「本町通り」は新道であることを示しているが、小字ごとの地図を見てもっと驚いた。「小字烏帽子《えぼし》之図」（図6）には、駅前の新しい道に「朝鮮人街道」と記入してあり、林と猪子の境の道には、「旧朝鮮人街道」と記入してある。また、「小字一本杉之図」「小字五位田之図」（図7）にも同様な表記がある。

図5　明治時代の地図（大日本帝国陸地測量部発行。明治26年）。彦根東高校新聞228号より

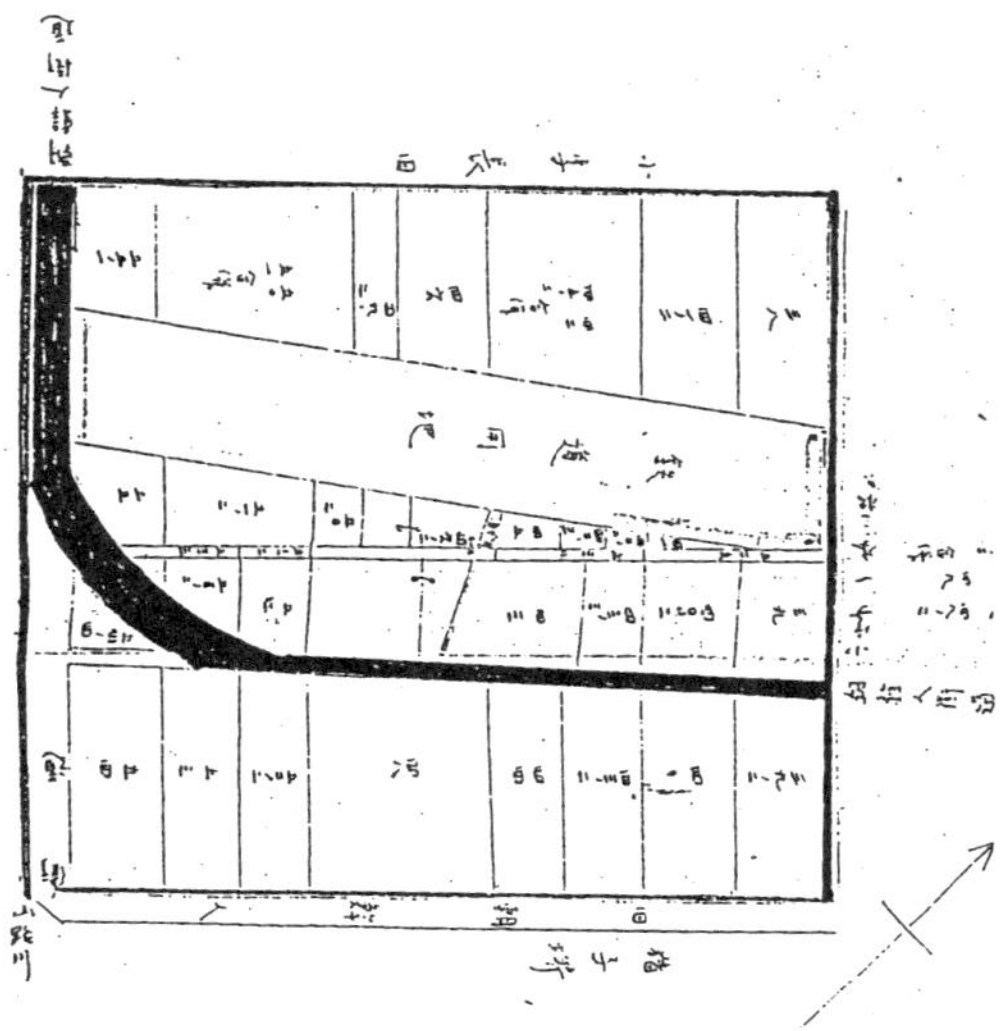

図6　「近江國神崎郡林村官地境界取調之図」より「小字烏帽子之図」。新道には「朝鮮人街道」、本来の道には「旧朝鮮人街道」と記入されている。

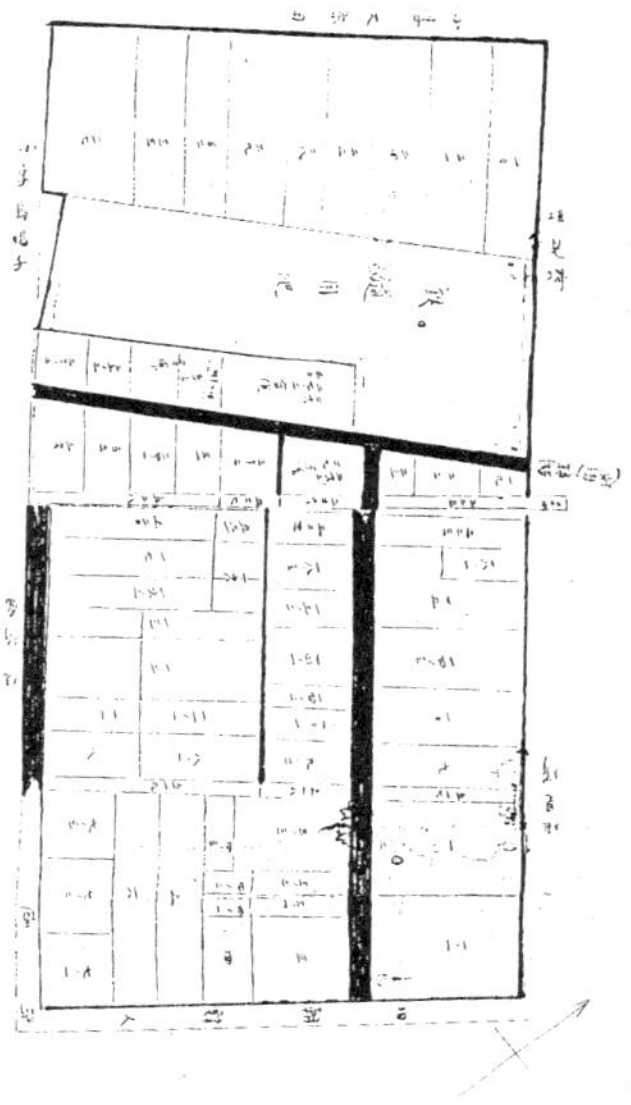

図7　「近江國神崎郡林村官地境界取調之図」より「小字一本杉之図」と「小字五位田之図」。新道には「朝鮮人街道」、本来の道には「旧朝鮮人街道」という文字がみえる。

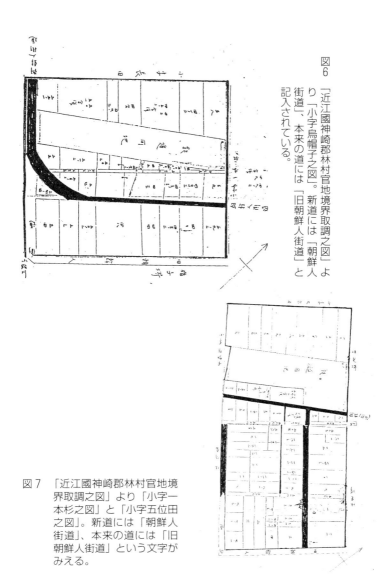

明治時代になって、「朝鮮人街道」に新も旧もないだろう。江戸幕府がつくった「朝鮮人道見取絵図」にいう道はやはり林と猪子の境を通る道であり、しかも新道が作られた当時から駅前の「本町通り」を「朝鮮人街道」と呼んでいたということまでわかった。

明治二十二年につくられた「近江國神崎郡八幡村大字垣見村　小字限全図」でも国鉄と駅前の新道が分筆されており、「本町通り」が後から出来た道であることを示している。

問題は大字、小字の境界が今の境界と同じかどうかということだが、能登川町役場で確認してもらったがほぼ間違いなさそうである。

なぜ「朝鮮人街道」が消えたのか

それではなぜ明治の地図には「朝鮮人街道」が描かれていないのだろうか。それをとくカギが『すてんしょ』（駅前の歴史を考える会編　一九八八年十月刊）という冊子の中にある様に思われる。

一八八九年（明治二十二）に国鉄の東海道線全通に伴い能登川駅が設置された。この冊子は能登川駅を中心として発展してきた駅前本町区の一〇〇年の歩みを記録したものである。

その中に、駅ができた当時の有様が記されている。

「駅周辺は荒地、アシが背高く生育し湿地で雨がなくともジュクジュクの荒野原、東南には猪子山から狐や狸が出没したそうです。当時民家は四軒ありました」

「朝鮮人街道」のことについても次の様な記述がある。

「野洲・八幡・安土・能登川を経て彦根鳥居本に至る道を朝鮮人街道といった。はじめは八幡・安土・佐和山の城下町の形成にともなって出来た。特に寛永年間朝鮮の使節が必ずこの道を通った処からこの名がついた。この道の特色としてはせまい日本を広く見せるために道をくねらせ変化と情緒をしみこませた道で道の両側に松並木があり一名松街道の名でも知られた。駅前にも今村愛知川橋（ヤワタバシ）から真っすぐ末広町（東農協附近）まで松並木が続き、今の二丁目で中断して猪子踏切から浜能登川の方へ延々と続いていた」

「朝鮮人街道」が能登川の駅前を通っていたことは書いてあるが、残念なことにそれ以上の詳しいことは書かれていない。（このことは「能登川町史」も同じである）。また道をわざとくねらせたのではないことは前述した。

一八九六年（明治二十九）に近江製油（後の奥田製油）の工場が設置され、それにともない民家も急増し、道路も整備されていった。奥田製油は駅前の歴史に大きな役割を果たしたようだ。冊子の中に一九二二年（大正十）の「能登川駅前の想い出図」（図8）がある。これによると、街道は奥田製油の前を通り、右に折れて本宅と工場の間を通っていた。この辺りは奥田製油の専用道路のようになっていたと思われる。また、今の元町通りは、「馬かけ馬場の名があった」と記されている。能登川駅前は本町通りが中心となって発展していることがわかる。

さらに、「昭和三年頃、区画整理の様なことが行われ、駅の真正面を貫く大通り、元町通りが

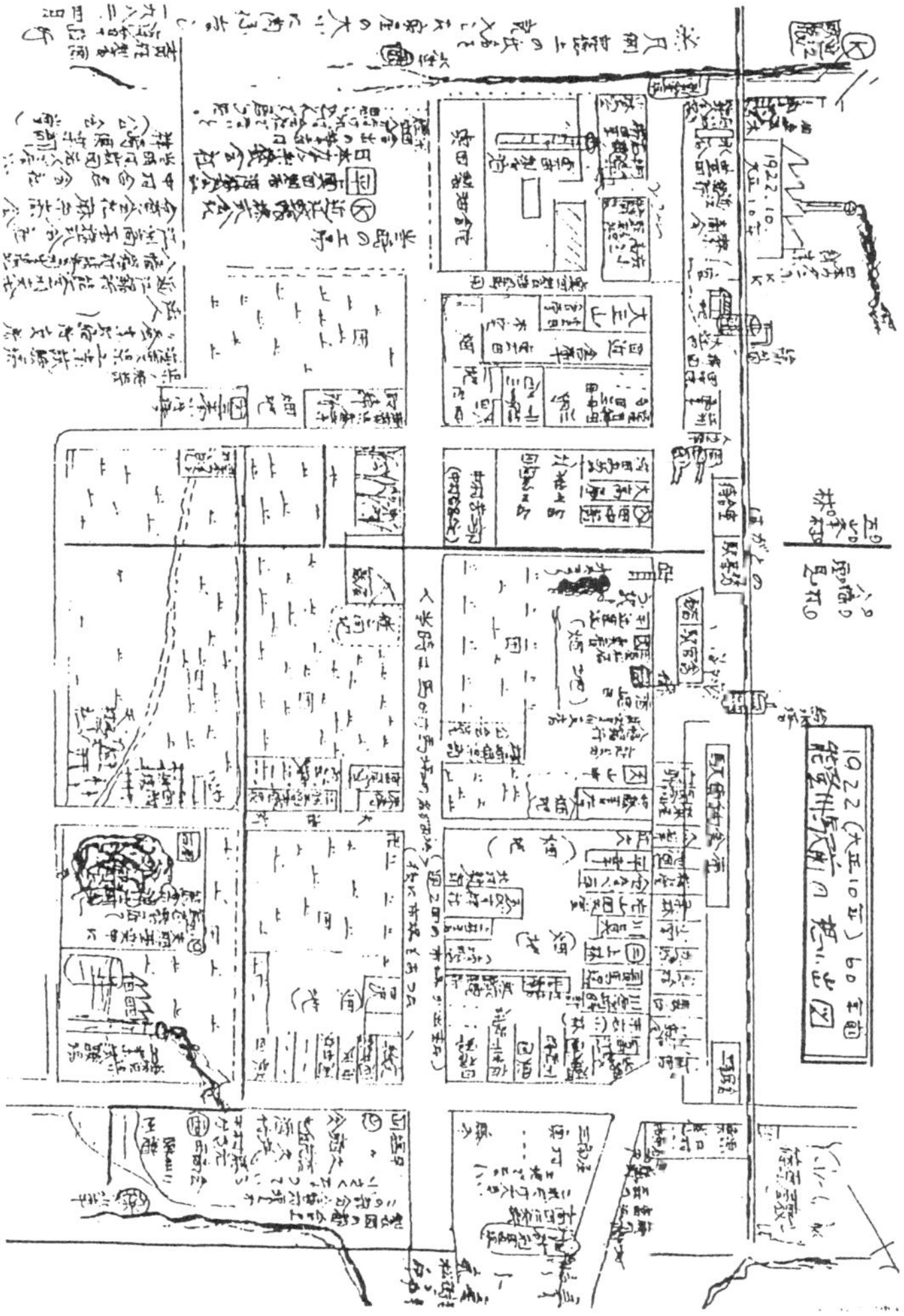

図 8　1922年（大正10年）の「能登川駅前の想い出図」（『すてんしょ』より）

開通されるに当り……」とあり、町がだんだん発展していく様子が、あちこちから読み取れる。この冊子から、次のように考えられる。

駅前の道（本町通り）は国鉄と同時につくられ発展した。一方、「朝鮮人街道」は廃道になった訳ではないが、後になって拡張され今の様（元町通り）になった。したがって、明治の地図には小さな「野道」として扱われ、載らなかったのではないだろうか。

このように考えれば、国鉄開通時から、駅前の新道（本町通り）を〝朝鮮人街道〟と呼び、本来の道を〝旧朝鮮人街道〟と称したことと一致する。

明治の地図は正確で、「朝鮮人街道」を確定するのに大きな役割を果たしてきたが、

能登川町元町通り

「能登川の駅前」は国鉄開通という大きな出来事のため、地図が測量された明治二十六年までに「道」が変わった特異な例だと思われる。

（「湖国と文化」71号・72号より　一部改変）

「神崎郡各村絵図」で一件落着

一九九五年の八月になって県民情報室で、「近江国各郡町村絵図」を調べた。慶応から明治七年頃の「神崎郡各村絵図」の「林村」の絵図（図9）にはずばり「朝鮮人街道」と記入してあり、この地図の発見により「能登川駅前のみち」も諸説が出されていたが一件落着したようだ。

なお、余談になるが能登川駅について調べている中でおもしろい話を聞いた。能登川駅は当時の五峯村林と八幡村垣見の間に建てられ、待合室は林に、事務室は垣見にあった。（図8）そのため切符を買うとき、お金を林から垣見に出すと切符は垣見から林に差し出された。現在はその逆になっているという。

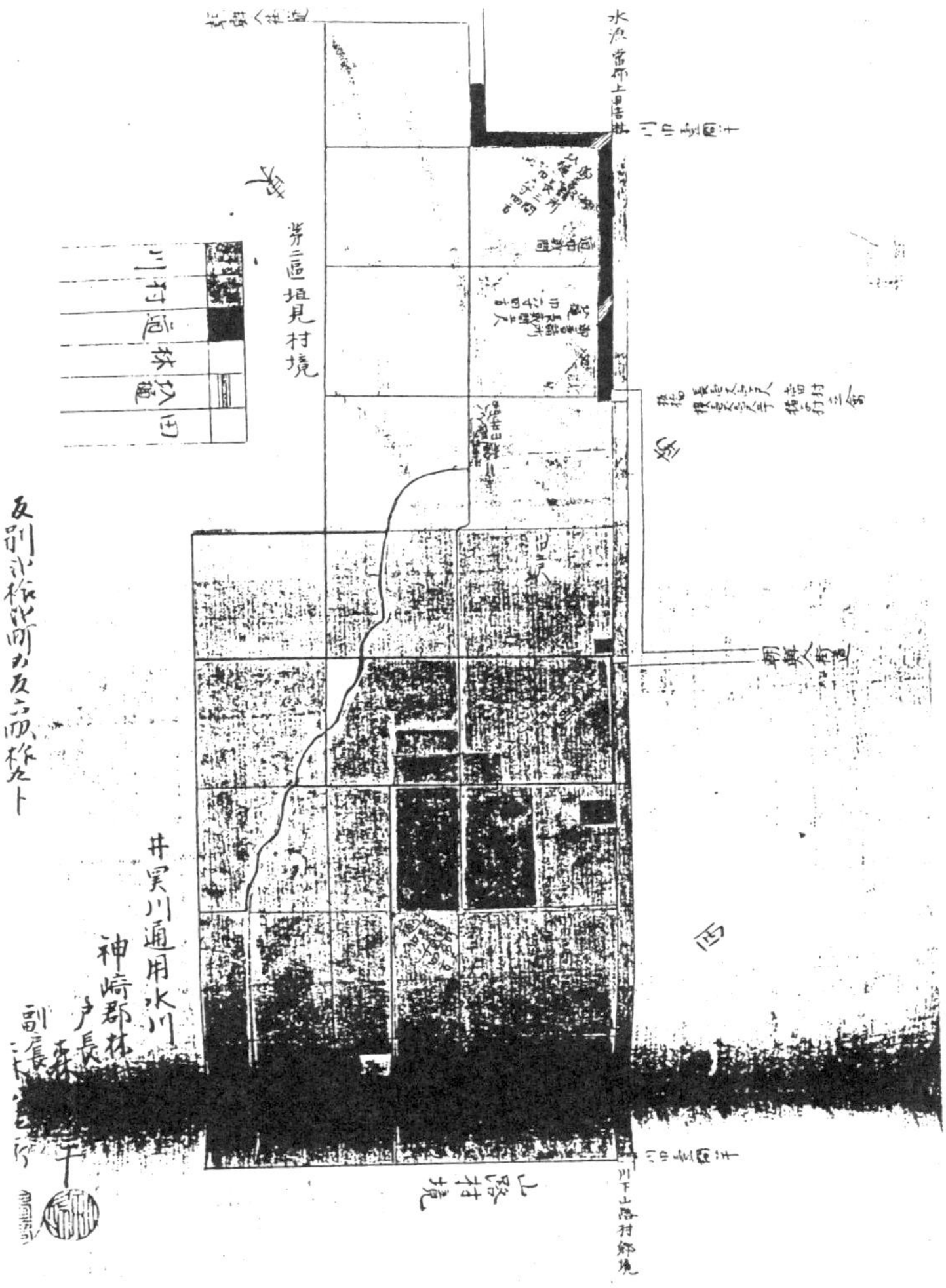

図９　「神崎郡各村絵図」より「林村」の絵図

■「朝鮮人街道」の廃道（通行不能）一覧

「朝鮮人街道」を野洲町小篠原から彦根市鳥居本まで歩くとき、ほぼ当時の道を行くことが出来るが、一部通行不能の所がある。新しい道が出来たり、ＪＲで道が切れたりしているからだ。

野洲町	久野部の踏切	ＪＲで切れている。陸橋で
	日野川の仁保橋	橋が移動
近江八幡市	加茂～船木	新道
	長田	新道
安土町	安土城～北腰越	新道
能登川町	垣見の踏切	ＪＲで切れている。踏切で
	愛知川の八幡橋	橋が移動？
彦根市	上稲葉・下稲葉	新道
	西今	新道
	平田	新道
	古沢の踏切	ＪＲで切れている。地下道・陸橋で
	佐和山	新道

なお東海道・中山道についてもあげておく。

東海道	大津市	横木	車はいったん一号線に出てまわる
		大谷	京阪京津線で切れている。踏切で。車は不通
		石山	ＪＲで切れている。新道で
中山道	草津市	草津川	下をトンネルで
		渋川	ＪＲで切れている。トンネル、陸橋で
	彦根市	下矢倉～中山	新道
	山東町	柏原(粉河)	新道

彦根東高校新聞二三一八号の地図において、その後の調査によりこの本で訂正した個所は次の通りである。

冨波乙・冨波甲の境界／日野川の仁保橋付近／安土城～北腰越の廃道／上稲葉・下稲葉の廃道／佐和山のみち（二三二一号でも一部訂正をした）

■参考にした本

実際に手にとって読んだ本などを列記しておく。

第2章

小林博・木村至宏編『近江の街道』(一九八二　サンブライト出版)

『朝鮮人道見取絵図』(一九九〇、二　東京美術)

『中近世古道調査報告書1　朝鮮人街道』(一九九四、三　県教育委員会)

木村至宏監修『図説　近江の街道』(一九九四、七　郷土出版社)

『佐和山　ふるさとガイドブック』(一九八九　彦根市古沢町松縄手自治会)

『明治の村絵図』(一九八六　野洲町)

『滋賀県の歴史散歩　上下』(一九九〇　山川出版社)

今井金吾『今昔東海道独案内』『今昔中山道独案内』(新装版一九九四　日本交通公社)

『近江之中山道道中案内図　その一～三』(一九九四　サンライズ印刷出版部)

第3章

松田甲『続日鮮史話』「朝鮮信使と近江路」(一九三一　復刻七六　原書房)

申維翰　姜在彦訳『海游録』（一九七四、五　平凡社東洋文庫）
辛基秀・仲尾宏編『大系朝鮮通信使』第六巻（一九九四、九　明石書店）
成大中編『海行摠載』

第4章

映像文化協会『江戸時代の朝鮮通信使』（一九七九、一二　毎日新聞社）
田代和生『書き替えられた国書』（一九八三、六　中公新書）
江南良三『朝鮮人街道』（一九八六、六　近江八幡郷土史会）
宋希璟『老松堂日本行録』（一九八七、三　岩波文庫）
『宗家記録と朝鮮通信使展』（一九九二、一　朝日新聞社）
李進熙『江戸時代の朝鮮通信使』（一九九二、一〇改訂　講談社文庫）
朴春日『朝鮮通信使史話』（一九九二、一一　雄山閣出版）
仲尾宏『朝鮮通信使の軌跡』（一九九三、一増補　明石書店）
辛基秀『朝鮮通信使往来』（一九九三、三　労働経済社）
仲尾宏『朝鮮通信使と江戸時代の三都』（一九九三、八　明石書店）
上田正昭編『朝鮮通信使』（一九九五、五　明石書店）
上垣外憲一『雨森芳洲』（一九八九、一〇　中公新書）

『芳洲　外交関係資料書翰集』雨森芳洲全書三　（一九八二、六　関西大学出版部）

第5章

「湖国と文化」七一・七二号（一九九五　滋賀県文化振興事業団）
『すてんしょ』（一九八八、十　駅前の歴史を考える会編）

その他

「彦根東高校新聞二二一号」（一九八九、一〇）／「二二八号」（九〇、一〇）／「二三一号」（九一、三）／「二三五号」（九一、一〇）／「二五八号」（九三、一二）／「二六六号」（九四、九）
「野洲郡史」「守山市史」「野洲町史」「近江蒲生郡志」「滋賀縣八幡町史」
「能登川町史」「稲枝の歴史」「肥田町史」「彦根市史」「山東町史」

■協力願った方（敬称略）

寺井秀七郎（野洲町小篠原）
岡田　誠一（近江八幡市加茂町）
柴田　重二（近江八幡市加茂町）
中村　誠一（近江八幡市新町）
村井　久子（近江八幡市西庄町）
小林　秀夫（能登川町猪子）
木下　欣一（能登川町林）
藤野　　実（能登川町垣見）
岡田　信行（彦根市上稲葉町）
竹内　真道（彦根市・宗安寺）
谷沢　　實（彦根市船町）
本田　太郎（彦根市古沢町）
田中　太郎（彦根市古沢町）
寺村　武雄（彦根市佐和山町）
平田よし枝（彦根市中山町）
本　長　寺（大津市札の辻）

辛　　基秀（青丘文化ホール代表）
仲尾　　宏（京都芸術短期大学）
木村　至宏（大津市歴史博物館長）
母利　美和（彦根城博物館）
谷口　　徹（彦根城博物館）
筧　真理子（岐阜市歴史博物館）
上西　法子（通信使の道を辿る旅の会）
池内順一郎（「湖国と文化」編集長）
津田　公城（「文化広報」編集長）
藤野　宗典（県民情報室）
福田千佳子（県観光物産課）
山本　一博（能登川町教育委員会）
堤　須賀彦（河瀬高校）
滋賀県立図書館
彦根市立図書館
彦根東高等学校図書館

あとがき

この本を書くのにあたって次の四点を考えた。

第一は、「朝鮮人街道」の正しい道筋をしっかりさせておきたかった。

近ごろ「朝鮮通信使」についての特別展や講演会がよく開かれ、参加者も大変多くなっている。「朝鮮人街道」が友好の道であることがよく知られるようになり、関心も高まってきたからだろう。しかしどの道なのかとなると知らない人も現実には多い。また、市や町で出されるパンフレット類も「朝鮮人街道」の説明が増えてきたが、地図に不備が多いことが気に掛かっている。

第二点は、誰もが気軽にたどれる地図があればと思った。

現在、滋賀県では「新しい淡海文化の創造」の取り組みがなされているが、その中でも近江の歴史と道にスポットが当てられている。「道」は人々が作り上げた文化であり、生活がしみこんだ歴史そのものである。「朝鮮人街道」に沿った歴史や文化を紹介したガイドブックが出来ないかと思った。

第三に、通信使についての歴史と、通信使がどのように近江を見たかにもふれたかった。ゆがめられた歴史の中からは何も真実は見えてこない。過去の歴史に学ぶことは多いはずである。筆者は歴史について素人であるが挑戦してみた。もっと勉強する必要性を感じている。

その四は、彦根東高校新聞部の活動について書いておきたかった。

現在の高校生は「読む」「書く」「聞く」「話す」ことが弱いといわれている。また自分と直接関係ないということで、社会的なことに対して関心が低いといわれている。しかし取材などに行ってその道一筋に取り組んできた人や、専門家にインタビューすると感激する生徒が多いのも確か。人の話を聞いたり、本を読んだり……そうした体験が乏しいのだろう。

特集「朝鮮人街道をゆく」では知られなかった道を部員たちが足で探し出す。資料に当たったりいろんな人に聞き、今までに出されていた本や地図の誤り・不備な点を指摘しながら、独自の地図を完成する。

それは観念的に平和や人権を考えることとは異質のものであろう。未知のものに出会う、新しい発見をする、みんなで悩みながら方法論を探す。そのとき、生徒はものを考えそして成長する。今の受験体制のもとではなおいっそう重要ではないかと常日頃思いながら、新聞部の活動を見守っている。

以上の四点を頭に置いて書いたりまとめたりしたが、思うようにはいかなかった。多くのことを欲張ったため、結局何もかも中途半端になったのではと危惧している。

「朝鮮人街道」については調べてみると知らないことがたくさんあった。当時の新聞部の活動からはいろいろと学んだ。

ただ、新聞部の調査だけでは不十分と思い、その後聞き取りをしたり地図を探したりした。そのため地図の正確度はかなり上がったのではと思うが、橋の架け替えによる道の変更・廃道など曖昧な部分も残っている。誤りがあれば是非ご教示をお願いしたいし、もっと詳しい事を御存知の方は是非お教え頂きたい。

本校の新聞については、「彦根東高校新聞縮刷版ⅠⅡ」に詳しい。また、一九九六年は本校創立百二十周年にあたるが、それを記念して「縮刷版Ⅲ」の刊行を予定している。「朝鮮人街道」の特集はその中に収録するつもりをしている。

余談になるが、本校の新聞の創刊は一九三八年（昭和十三）で、全国でも古い発行である。その第一号に「雨森芳洲先生と日本的回帰」と題した文が掲載されている。今から読めば時代的制約のある文だが、不思議な縁《えにし》を感じている。

最後に、企画・構成・編集についてお世話になったサンライズ印刷の岩根治美氏、李真由美氏、地図を書いてもらったキッドスタジオの松風直美氏に謝意を表したい。

一九九五年九月

門脇正人

■著者略歴

門脇正人（かどわき・まさと）

1943年滋賀県愛知川町に生まれる。２歳の時、小児麻痺にかかる。

滋賀県立愛知高校、京都大学理学部数学科を卒業。参考書を作っている新学社（京都）を経て、滋賀県立彦根東高等学校教諭に。

1978年から新聞部顧問となり、足でかせぐ新聞づくりを指導。全国新聞コンクールで文部大臣賞、朝日新聞社賞、全国新聞コンテストで最優秀賞など多数を受賞。県高校新聞コンテストでは最優秀賞を17年連続で受賞した。

滋賀県高等学校新聞研究会83. 84年度事務局長。全国高等学校新聞教育研究会理事などを歴任、1992年「新聞教育賞」受賞。

執筆した数学の参考書・問題集（文英堂）は多数にのぼる。

母校の校長を経て退職後、滋賀県立安土城考古博物館に勤務。

愛荘町立歴史文化博物館館長、現在は顧問。

現住所：滋賀県愛知郡愛荘町中宿64

「朝鮮人街道」をゆく　新装版
―彦根東高校新聞部による消えた道探し―　淡海《おうみ》文庫６

1995年12月10日　初版１刷発行　N.D.C.291
2018年２月15日　新装版１刷発行

企　画　淡海文化を育てる会

著　者　門脇　正人

発行者　岩根　順子

発行所　サンライズ出版
〒522-0004 滋賀県彦根市鳥居本町655-1
電話 0749-22-0627

印刷・製本　P-NET 信州

ISBN978-4-88325-188-9　Printed in Japan　定価はカバーに表示しています。

淡海文庫について

「近江」とは大和の都に近い大きな淡水の海という意味の「近（ちかつ）淡海」から転化したもので、その名称は「古事記」にみられます。今、私たちの住むこの土地の文化を語るとき、「近江」でなく、「淡海」の文化を考えようとする機運があります。

これは、まさに滋賀の熱きメッセージを自分の言葉で語りかけようとするものであると思います。

豊かな自然の中での生活、先人たちが築いてきた質の高い伝統や文化を、今の時代に生きるわたしたちの言葉で語り、新しい価値を生み出し、次の世代へ引き継いでいくことを目指し、感動を形に、そして、さらに新たな感動を創りだしていくことを目的として「淡海文庫」の刊行を企画しました。

自然の恵みに感謝し、築き上げられてきた歴史や伝統文化をみつめつつ、今日の湖国を考え、新しい明日の文化を創るための展開が生まれることを願って一冊一冊を丹念に編んでいきたいと思います。

一九九四年四月一日

補遺

補遺はしがき

『朝鮮人街道をゆく』の初版発行は平成七年（一九九五）十二月。それから二十二年が経過した。その間十一刷を重ね、この本が多くの人々の目に触れられたことは大変ありがたいことであった。高校生が調査したこと、テーマの重要さ、知らなかった道が解明されたことなどが話題を呼んだのだと考えている。

在庫が少なくなったとのことで、改訂版にしようかと検討したが、本文はそのままにして書き換えることはしなかった。実はこの二十年間で道路や周辺は著しく変化したが、調査した時の文章もその時代を表すものである。そこで重要な曲がり角の変化や、その地域で大きく変わったことなどを補遺としてまとめ、新装版として発刊することになった。補遺の原稿を作ったのだが、「朝鮮人街道」の道筋に関しての変更点はなかった。当時、よく調べたものだと思う。

私事になるが、その後、滋賀県東部を中心とした湖東地域における「古道の復元」に取り組んできた。あわせて、「古地図」(特に「地券取調総絵図」)や「道標」の調査研究も行ってきた。そのきっかけになったのが彦根東高校新聞部の調査でありこの本の刊行であった。当時が懐かしく思い出される。

◇

江戸時代、朝鮮から日本に「朝鮮通信使」が派遣される。昨年十月、それに関する日韓両国の歴史資料がユネスコの世界記憶遺産に登録された。「通信使」についての理解・認識が深まったことの顕れと考えられるが、現在の東アジアの状況を考えるとき、大変意義深いことであった。近年、「朝鮮人街道」「朝鮮通信使」に関する講演会に呼ばれることも多くなった。

ネットなどで検索すると、この本がヒットする。しかし、多くの情報が流れている中で、「能登川の駅前の道」と「野洲の中山道との分岐点」についての誤りが目立つ。気がかりなことである。そのため表紙の地図も変えないことにした。

その後、「平成の大合併」が行われ多くの市町の名前が消えた。いちいち訂正しなかったが、概略は補遺の終わりに記載しておいた。詳しく調べて、この本を手にして歴史ある街道を歩いて頂ければ幸いである。

本書の復刻にあたってサンライズ出版の岩根治美氏からのご助言、ご協力に謝意を表したい。

平成三十年二月

門脇正人

30頁10行　**「柳緑花紅」の道標**　「この道標は一九五四年（昭和二十九）に再建されたもので、本物は琵琶湖文化館の前に移されている」とあるが、文化館前に県警察本部が建設されることになり平成十七年に安土城考古博物館に移された。

なお、近くの摂取院（追分町）にも同様の道標があり、ほぼ中央に切断線がある。その道標が折れたので再建されたのではないかと考えられる。

近年、昭和二十九年に再建された道標も交通事故により破損したが、復元された。「柳（柳）緑花紅／みきハ京ミち／ひたりハふしミみち」と刻まれる。安永九年（一七八〇）刊行の『都名所図会』に、「道分の石に柳は緑花は紅の文字を刻む」とあり、当時から有名だったと思われる。なお、隣に道標「蓮如上人御塚／是より十町」がある。

36頁最終行　**野路で国道一号線を横断する**　横断する直前の地域が整備され、北山公園となった。旧東海道は公園の中に取り込まれた。なお、公園の一角に「野路一里塚」の碑がある。

37頁7行　**草津宿**　平成十一年、「草津市立草津宿街道交流館」が草津宿に開館した。江戸時代の旅や街道の歴史を紹介している。

37頁12行　**草津川**　天井川であった草津川は平成十四年に廃川となった。治水事業として中流域から琵琶湖にかけて、草津川放水路が開削されたため。

37頁14行　**常夜燈型の道標**　この文化十三年（一八六八）の道標の前は、別の道標が建っていた。現在は南約六〇〇メートルにある立木神社に移されている。「みぎハたうかいとういせミ

（ち）／ひだりは中せんたうをた加みち」などと彫られている。延宝八年（一六八〇）に建てられたもので、県下では年号がわかるものとしては最古の道標である。

43頁9行 **「背くらべ地蔵」** 行合ふれあい広場の覆い屋に移動している。

44頁4行 **分岐点** 小篠原外和木で分岐する。そこに享保四年（一七一九）の道標が建っていた。太田南畝の「壬戌《じんじゅつ》紀行」（享和二年：一八〇二）に「右中山道 たが北国道、左八まん道といふ石表あり」とある。「中山道・外和木の標」の説明板が野洲小学校校門横に建つ。「行畑」で分岐するという説が多いが、「小篠原村地券取調総絵図」や「間之村々明細絵図」（47頁、表紙参照）などで「小篠原」とわかる。

47頁13行 **台風で汽車が……** 新聞部の生徒が聞いた話として「彦根東高校新聞」に載せたのを、そのまま引用した。実は、昭和九年九月二十一日の室戸台風で事故があった。野洲川鉄橋上で貨物列車が転落、水没した。なお、瀬田川橋梁上でも急行列車が脱線・転覆し、十一名が死亡、二百二名が負傷した。

48頁13行 **松の木** 久野部の松の木は現在ないが、87頁の松は健在である。

51頁最終行 **仁保橋** 調査当時は車でも土手に上がれて仁保橋に出られたが、現在は車通行止めになっている。

55頁12行 「（下街道）であった。古道と呼ばれる道で」を「であった。下街道と呼ばれる古道で」と訂正。

57頁13行　**市立図書館**　別の場所に新設された。現在は、旧伴家住宅として公開されている。

64頁2行　**中山道に出る道**　その分岐点に、木の道標「右八風街道いせ八日市ひの／左朝鮮人街道」が建てられた。「八風街道」の八幡からの出発点と考えられている。

69頁4行　**次の角**　角に「安土城跡／朝鮮人街道／常の浜」の茶色の石碑が建てられた。

73頁10行　**「従是南摠見寺領」**　境界石は新しくなった。奥に元の一部が置かれている。

73頁16行　**須田川**　南のたもとに「不動山みち」の石碑があり、川をさかのぼったところに「右不動道　左地獄越」の道標がある。

76頁3行　**日清紡績**　既に工場は無く、跡地は開発が進んだ。

77頁　「猪子（林）の踏切」を「林の踏切」に訂正。80頁、180頁（引用部分であるが）も同じ。172頁の図中は訂正してある。

80頁6行　**住友生命**　「アンジェリーク能登川」となっている。この角は、「能登川駅前の道」における重要なポイント。

85頁3行　**道標**　横に「日夏山植林　顕彰大橋利左衛門氏碑」が建つ。

85頁11行　**日夏の家並み**　昭和十年にヴォーリズが設計した旧日夏村役場が、平成二十二年日夏《ひか》里館《りかん》として改修され、住民の憩いの場となっている。

88頁12行　**にしき食堂**　なくなっている。

120頁地図　点めつ信号の手前に鳥居本宿の休息所として「鳥居本宿交流館さんあか」が開館した。「さんあか」とは、江戸時代の名産だった赤玉神教丸・合羽・すいかの「三赤」にちなんでいる。

103頁12行　**道標**　彦根市指定文化財になった。説明板と囲いができている。

110頁6行　**北国街道と分岐**　平成二十三年十月に下矢倉の道標「右中山道　摺針番場／左北国　米原きの本道」が再建された。『近江名所図会』にも「矢倉橋といふより道あり、米原へ三十町、北国街道といふ石標あり」とある。

111頁12行　**琵琶湖を眺める景色**　現在はフジテックのエレベーター研究塔（一七〇メートルのタワー）が見える。

114頁1行　**米原道**　旧道は現在の道標の建つ位置より少し南から分岐していた。

114頁最終行　**醒井駅**　隣に「醒井水の宿駅」が開館している。

118頁　**美濃との境**　写真にある国境の標柱は現在新しくなっており、元の木製の標柱は柏原宿歴史館に保存されている。

126頁4行　**李邦彦の書**　金台寺で拝観できる。

「金台寺裏客重来　竹塢荷塘乱雪堆　殊域屢看時物変　此行何事尚遅回」

174頁5行　**『中近世古道調査報告書1　朝鮮人街道』**「能登川駅前の道」について「彦根東

高校新聞」の内容が間違って引用されていた。『中近世古道調査報告書２　中山道』の１９９頁で訂正された。

平成の町村合併による変更

栗東町　栗東市になった。
野洲町　中主町と合併して野洲市になった。
安土町　近江八幡市と合併し近江八幡市になった。
能登川町　八日市市などと合併し東近江市となった。
米原町・山東町などが合併して米原市となった。
高月町　長浜市などと合併して長浜市となった。